中国经济为什么能书系

中国商界木兰

WOMEN ENTREPRENEURS IN CHINA

何振红 主编

新世界出版社
NEW WORLD PRESS

创新创造热情涌动，沉重国门越开越大，无数企业家成长起来，参与世界范围内的竞争，中华民族大踏步赶上时代，引领时代。贯穿 40 年的大逻辑里，就蕴含着“中国经济为什么能”的终极秘密。

这个大逻辑，就是实事求是、人民至上。它构成了中国特色社会主义的坚实内核。

实事求是，使得我们能够在科学把握规律中创造性地推动制度变革。中国共产党人的伟大之处，在于兼具了真正马克思主义者的实事求是的态度、解放思想的勇气。“我国的社会主义社会还处于并将长期处于初级阶段”的形势分析，站在历史唯物主义的立场为市场经济的引入奠定了基础；“是否有利于发展社会主义社会的生产力、是否有利于增强社会主义国家的综合国力、是否有利于提高人民的生活水平”的判断标准，使人们思考问题从空泛的议论转向从实际效果出发；市场和计划都是“手段”，撕掉了长期以来贴在市场经济身上的资本主义标签，使社会主义市场经济由此成功破题，在 40 年的实践中，通过不断放大市场在资源配置中的作用，实现效率提高和财富增进，极大地解放和发展了生产力。时至今日，社会主义不仅没有被市场经济“和平演变”，反而在市场繁荣、经济飞跃中焕发出前所未有的生机和活力。铁的事实反复印证着一个坚定的判断——“中国不走这条路，就没有别的路可走。只有这条路才是通往富裕和繁荣之路”。

人民至上，使得我们能够在“千磨万击”中始终拥有最大动力引擎。过去 40 年的每一步创新、每一次突破，都曾遭遇继承和发展、当前与长远、渐进与闯关的两难选择，更有来自政治经济、国际环境以及自然界突发灾害的风险挑战。之所以每次都能顺利闯关，就在于中国的改革从一开始，就认清了自己的主体力量。亿万中国人从僵化沉闷中觉醒，锻造了眼光和胆识，开阔了视野和胸怀，积蓄了底气和追求，无数企业家成长起来，成为中国经济最活跃的细胞。改革发展成果更多更公平地惠及全体人民，社会大局在深刻变革中始终保持稳定，党和国家才能在各种风浪面前始终沿着正确航向前进。正是因为改革依靠人民、改革为了人民，才催动了社会主义中国焕发生机活力的强大引擎，并且始终保持了澎湃动力。亿万中国人的动能汇聚成中国经济的动能。为此，我们与新世界出版社共同策划了“中国经济为什么能”精品书系出版工程，将重心聚焦到人物身上。

在社会经济活动中，人的作用是最具主观能动性的，是最不可忽视的，中国的改革开放、经济发展，离不开广大人民群众的努力奋斗，离不开经济领袖人物的探索和表率作用，离不开女性企业家的贡献，离不开具有开拓精神和奉献精神的企业家，离不开具有创新精神的小微企业创立者。人的故事最具有打动人心的效果，最具有传播力和影响力，也最能够反映时代的变迁和中国人民追求中国梦、实现中华民族伟大复兴的精神力量。本书系以“中国经济为什么能”作为总的问题，将答案蕴藏在中国经济人物的各卷中，在讲述中国人的故事的同时，讲述中国经济的故事。

中国新时代，改革再出发。当前我们面临的挑战，从内部看，主要来自以下几个方面：第一，经济持续高速增长的阶段已经结束，开始迈向速度适中的高质量增长阶段，需要更加健全和完善的社会主义市场经济体制提供制度保障；第二，经济高速发展过程中积累的一系列问题亟待解决，诸如环境资源、产业结构、城乡一体、就业、人口老龄化等。这些问题在发达国家历史上是几百年间递次出现的，而在中国，却是由于高速发展而把所有问题挤压到一起，增加了解决的难度和紧迫性；第三，在利益多元化的情况下，统筹协调各方、凝聚改革共识、实现有效治理，要比以往复杂得多。从外部看，中华民族伟大复兴的势能强劲，必然多角度、多层面地触动一些传统大国的神经，在这个比较敏感的阶段，处理对外关系必须注意目标、实力和手段的平衡。

如果说改革之初，我们面对的是九曲回环的“河”；未来，我们要跨越的将是波澜壮阔的“海”。从治国理政的角度看，我们党要集中精力，从谋求经济的高速发展转向统筹国际国内两个大局、引领经济社会协调发展，努力实现在本世纪中叶建成富强民主文明和谐美丽的社会主义现代化强国的奋斗目标。新的起点，新的长征，我们还要牢牢记取 40 年改革开放的成功经验，坚持实事求是，坚持人民至上，在“向着一个无人能够预言的未来前进”的征途上，在“中国为什么能”“中国经济为什么能”“中国共产党为什么能”的历史考卷上写下更为出色的回答。

序言

商界木兰崛起是一次革命

何振红

2018年，《纽约时报》补登了林徽因的讣告和她一生的故事。我们知道林徽因早在60多年前就已经去世了。《纽约时报》称，推出“被遗漏的”专栏，讲述已故女性的故事以及她们给社会留下的印记，是为了弥补当年因性别歧视而留下的遗憾。

幸运的是，10年前，我们开始弥补遗憾。

2009年，《中国企业家》杂志在庆祝25周岁生日时，突然发现，25年来竟然鲜有女性登上杂志封面，整个女企业家群体被忽视了。于是，我们给中国女企业家起了共同的名字——商界木兰，发布“最具影响力的30位商界木兰”榜单，创办商界木兰年会和木兰汇俱乐部，希望她们的声音能被更多的人听到，她们的成就能被更多的人看到，希望她们更多地参与到商业游戏规则的制定中来。

其实，2009年是世界经济的低谷，却是女企业家的高光时刻。那一年，因雷曼兄弟破产引发的金融危机弥漫全球，而女性被当成引领商业走向复苏的重要力量被发现。那时，董明珠已担任格力电器总裁两个年头了；陈爱莲创办的万丰奥特历经15年的发展成为全球最大的汽车轮毂生产企业；何巧女创办的东方园林、赵依芳创办的华策影视成功上市，分别荣登行业第一股。次年，汪静波创办的诺亚财富成为中国第一家在美国纽约上市的财富管理公司。

董明珠 / 制造传奇

文 | 鹿苗苗

董明珠　格力电器股份有限公司董事长兼总裁、木兰汇名誉理事长

格力发布一代手机，开机画面是董明珠照片。此后，董明珠频频借各种公开场合推销格力手机。她说：“我是格力手机创始人，我也在用格力手机，这是尊重消费者。”

2013 年，“中国经济年度人物”颁奖典礼上，董明珠和雷军当着全国观众的面立下了一个 10 亿赌约：以 5 年为期，如果小米营业额超过格力，董明珠输给雷军 10 个亿，反之亦然。董明珠认为互联网营销从根本上不具备创新价值，互联网不可能替代产品生产。她对格力 23 年的科技创新研发的能力相当自信，10 亿赌金胜券在握。

接下来的 5 年中，这个赌约始终牵动着广大网友的神经，媒体和网民盯紧双方战况，董明珠、雷军分分钟被带上头条。而今，5 年之期进入了最后倒计时，小米能否超越格力成功赢下 10 亿成为今年商圈最大的看点。小米公布的第二季度财报显示，上半年总营收 796.48 亿；而格力财报显示，格力上半年公司总营收 920 亿。目前来看，格力略微领先小米。

与资本的战争，是网红“董小姐”引发的另一现象级事件。

董明珠自信其对格力的掌控力和贡献度，她认为，在关乎企业生死成败的问题上，人起决定作用，经理人比出资人更重要。“如果格力集团不叫格力的话，我相信没有任何人去关注它。”董明珠对控股大股东格力集团从来不客气。

2016 年，业绩优良、股权分散的格力电器在资本市场遭遇前海人寿偷袭。11 月 30 日晚间，格力电器公告称，前海人寿持股比例上升至 4.13%，成为第三大股东。以格力电器 60.2 亿股的总股本和当年 12 月 1 日 30.59 元的收盘价估算，前海人寿只需 16.02 亿元即可触及 5% 的举牌红线。对于在资本市场动辄百亿元扫货、刚刚对万科及王石造成重压的前海人寿来说，这笔资金微乎其微。12 月 1 日，格力电器股价随即飙升至上市 20 年来最高，收于 30.59 元，控制权的归属成为关注焦点。

隔日，在中国经济论坛上，董明珠话语铿锵，斥责资本对实业企业的治理和稳定造成巨大负面影响，称姚振华为“破坏实业的千古罪人”。证监会主席刘士余也怒斥资本插手实业为“妖魔、害人精”；保监会也对前海人寿保险股份有限公司有关违法案件作出行政处罚。12 月 9 日晚间，前海人寿宣布不再增持格力电器股票，将择机退出。

彼时，制造业在税费压力下不堪重负，大量资金脱实向虚赚快钱，中国社会进入了虚实经济的论争高潮，“拯救实业”“做强实业”的呼声从民间传到中央，从商业讨论演进为社会议题。相比于万科反收购战的云谲波诡，南玻 A 被“血洗”的悲壮苍凉，董明珠成功狙击“野蛮人”[1]大大提振了实业对抗资本的士气。原就处于高光状态的董明珠顺势成为与资本对峙的旗帜性的人物，开始为实体经济代言。

2018 年 6 月 25 日的股东大会上，董明珠希望在退休前让所有格力员工持有格力股票，来解决“野蛮人”的问题。按照董明珠的估算，格力 9 万员工一人出一万元就 9 亿元，一人出 10 万元就 90 亿元，一人出 100 万元就 900 亿元，差不多相当于格力电器 30% 股票的市值。

网红“董小姐”一言一行皆受万众瞩目。网络语境下，董明珠似乎越发随性，口无遮拦，“霸道女总裁”成为她的标签。

但董明珠从未改变。“我希望自己是一个能够帮助别人的人，是一个能够改变别人命运的人。”她付出所有的个人乐趣，放弃了成为一个合格母亲的使命，用全部的爱呵护格力，让格力成为她所推崇的日本偶像剧《血疑》中的女主演山口百惠那样的，“被保护的、纯真的”。

董明珠认为企业家要真正关注中国实体经济的发展。尽管不是格力真正的所有者，但她无私无畏，坚守实业的决心与守护格力的决心一样坚决。

1 受《门口的野蛮人》一书影响，“门口的野蛮人”被用来形容不怀好意的收购者。当时，中国多家险资机构在 A 股市场进行多起杠杆收购，也被称为“野蛮人”。

转型使命

2012年5月25日早上不到6点，董明珠从镜子里看到鬓角的一缕白发。从那天开始，她成为格力这家销售额超千亿元的公司的新任董事长，同时兼格力集团董事长，开启了格力的“董时代”。

董明珠的办公室里一直挂着一幅字：“献身企业忘自我，棋行天下女豪杰”。这是格力前任董事长朱江洪在2005年送给董明珠的生日贺礼。朱江洪和所有熟知董明珠的人们一样，期待这个“全球50名最有影响力的商界女强人”，将格力这个优秀的中国民族品牌推向全世界。董明珠也做好了准备，将此生奉献给格力。

在董明珠的规划中，格力将成为一家多元化的全球性工业集团，在巩固和发展空调产业的同时，不断向智能装备、智能家居、新能源产业延伸。她认为行业没有天花板，格力并不会只做空调。

2013年起，董明珠开始推进“高端装备成为格力电器的第二大支柱产业”的积极布局，进军精密铸造领域。“铸造很枯燥，不是马上能够赚大钱的东西”，董明珠做好了长期战斗的准备。

2016年，为寻求在新能源电池、新能源汽车领域的突破，董明珠推动格力电器收购珠海银隆新能源有限公司，因中小股东反对，收购遇阻。此后，董明珠赌上全部身家，斥资10亿元成为银隆第二大股东，持股比例为17.46%。董明珠还拉上王健林、刘强东一起入股银隆。

2018年，银隆接连发生供应商登门讨债、IPO上市终止、项目停产等负面风波。董明珠在接受媒体采访时，坚称银隆不会收缩投资。在董明珠的格力蓝图中，新能源汽车所具备的储能电池技术将应用于智能家居的光伏太阳能储电系统，格力的空调、智能装备产品打入新能源汽车的产业链，格力未来可期。

2018年格力发布半年报，宣布“进军空调芯片设计领域”。8月14日，珠海零边界集成电路有限公司成立，格力迈开造芯片实质性的一步。董明珠在采访中言辞激昂，“哪怕投资500亿，格力也要把芯片研究成功”。她还在股东大会上表示，2019 年格力空调会全部用上自己的芯片。

而外界回应董明珠的是格力电器股价下跌，质疑声四起。

格力电器总工程师谭建明说：“有句话叫不见兔子不撒鹰，董总在投资上还是非常慎重的，一定认为是值得投、不会有太大风险才去做的。”近年随着节能环保政策趋严、消费升级及产品智能化趋势凸显，变频空调在格力产品中的占比大幅提高，导致格力对空调芯片的需求大幅增长，2017 年格力的芯片进口付款达数十亿元，今后需求量会进一步增加。

格力很早就开始在芯片上发力了，以前是根据格力的需求进行定制，现在是自己设计芯片。事实上，2018 年已经有一定比例的格力空调采用了格力自主研发的芯片。

过去 5 年，格力电器的营业总收入从 2012 年的 1001.1 亿元，增长到 2017 年的 1500.64 亿元，5 年“块头”长了 50%；空调业务占 2017 年营收的 80%，仍然是绝对的支柱产业。目前，格力空调占据国内份额高达 40% 左右，格力最长的长板已经触及增长天花板。

业内专家分析，格力电器的主要竞争对手美的集团市值已达 3000 多亿元，格力电器现在正处于关键时期，如果能打破空调业务的天花板，市值就可以跃升至 3000 亿 ~6000 亿的空间，如果突破不了有可能市值就会掉头向下。

2018 年，全力冲击营收 2000 亿元结果尚未明朗的董明珠，抛出了更为激进的目标，2023 年做到 6000 亿。种种迹象显示，董明珠在格力电器新一届董事会中获得连任，几乎没有悬念。6000 亿的目标似乎是董明珠对自己最后一个任期的业绩承诺。

已经 64 岁的董明珠仍然为格力高强度奔波。为了一个讲座她从珠海开完会赶来广州，吃几口快餐就上台演讲几个小时，下来喝口水就返回珠海了。外界看来叱咤风云的董明珠，要求格力人像军人一样步调一致。

从董明珠到格力，多元化转型，创造新增长，都已是势在必行、攸关生死的一招豪赌。董明珠是否有足够的心力将格力带向未来的成功？公众有疑问。不过，董明珠常说一句话，“我从来不犯错误”。

何巧女／地球美容师

文 | 王学良

何巧女　北京东方园林投资控股有限公司董事长、木兰汇主席

木兰小传

10 岁之前连凉鞋都穿不起的何巧女，或许不会想到她会创立全球市值最高的园林景观企业。1992 年至今，何巧女和她的东方园林几经起落，最终都有惊无险。目前，东方园林投控集团已成为中国领先的商业、技术、公益大生态平台。旗下东方园林环境公司致力成为中国水环境治理第一品牌、中国危废处理第一品牌；东方园林产业集团致力成为中国全域旅游和体育投资运营第一品牌；巧女基金会则致力以慈善的方式推动大自然保护事业的发展。

据估算，近四年何巧女承诺捐赠的善款总额超过 180 亿元人民币，她也因此被誉为“中国女首善”。在创业初期，何巧女曾给自己许下一个承诺：要在中国 100 个城市打造 100 座最美丽的公园。这一目标早就实现，何巧女又有了更大的目标：打造美丽中国。而今她在这条路上越走越远。

创业艰辛，你是如何长期保持活力的？

何巧女：我想创造一个伟大的企业，我还想创造一个善良的企业。一想到这辈子我要去打造一个伟大的企业，一个善良的企业，我内心就充满了激情，充满了活力，多艰苦都不怕了。

创业是一个漫长的过程，你是如何理解成长的？

何巧女：我是一个享受创业的人。他们都说，何总，不管什么时候看到你都是激情满满的样子，这的确是我的常态。梦想带着我不断突破。我也有过纠结。尤其是前两年，我就在想，我快 50 岁了还要继续奋斗吗？身边的人也都在劝我歇一歇。但是，最后我决定了还要继续奋斗，我还有很多梦想没有实现，还有很多的高峰等着我去攀登。

“我是没有烦恼的人。”说这话时，何巧女和她的东方园林正在向千亿企业的目标冲锋。她每周工作 6 天，每天 12 小时，就在采访的前一天晚上，她还和管理层开会到夜里 12 点多，第二天又是满满的日程，但她精神抖擞。

何巧女的一名同事说，有好几次到了点，他们提醒何总下班时间，何巧女却兴奋地来一句：“今天这么快就过完了？”

何巧女身材娇小，却蕴藏着巨大的能量。她化着淡雅的妆，给人的第一印象常常是低调，但她一开口，语言乃至身体里就会迸发出强烈的“热能”，她对梦想似乎有一种忘我的激情。见过她的人，说她总是挂着微笑，表达利索且坚定，擅长逻辑思维。她也曾描述自己：“我好像表面和内心都很火热。所有人见到我的时候，都觉得我充满激情。”

从内到外的火热，背后是强烈的浪漫主义和理想主义情怀。如果用四个字来概括何巧女的创业生涯，这四个字就是“艺术人生”，她的艺术人生的一半是“鲜花”，一半是“奉献”，核心是对自然环境的珍爱。

“鲜花”代表何巧女在生态环保领域的不懈前行。何巧女的创业初心是要用100个最美公园重现中国“世界园林之母”的盛况。时至今日，何巧女一手打造的东方园林已经是全球景观行业市值最大的公司，并成为提供研究、设计、施工、投资一站式服务的全产业链生态综合治理运营商。

凭借东方园林在生态环保领域的努力，何巧女正一步步践行着“打造美丽中国”的目标。如果说格力电器董事长董明珠是“中国造”的代表，那么何巧女毫无疑问是“造中国”的代表，她曾说“打造美丽中国始终是我的信念”。

何巧女还是公众眼中的“慈善女神”。每周，她都必然会有一天用来处理公益事务。

据估算，近几年何巧女承诺捐赠的善款总额超过180亿元。很多女性企业家会选择在50岁前后卖掉公司，淡出商界，享受内心自在的生活。何巧女心中也有过这道坎。2014年，何巧女在机缘巧合之下开始信仰佛教，她仿佛从中寻得某种力量，决定“二次创业”继续奋斗，她为企业贴了一个人性化的标签：“东方园林要成为一家善良的企业。”

借着中国政府PPP[1]政策的东风，东方园林近几年业绩突飞猛进，2017年度实现净利润21.78亿元，同比增长68.13%。目前，东方园林控股集团以“心系地球”为战略主题，旗下包括环境集团、文旅集团、环保集团和巧女基金会四大板块，部分做商业，部分做慈善。何巧女用双轮驱动来总结现在的自己：“用企业的模式做公益，用公益的理念做企业。”

失败考验

何巧女常面带微笑说：“我是一个没有烦恼的人。”听起来平淡而

1 PPP（Public-Private Partnership），即政府和社会资本合作，是公共基础设施中的一种项目运作模式。

轻易，实际上是烈火百炼的结果，背后有数不清的让人皱眉的故事。

在2011年的一次演讲中，何巧女回忆起小时候最难忘的画面："我骑着大水牛，前面一头，后面一头，我还背着柴火。"她经历了那个物质匮乏的年代，一家7口挤在30平方米的房子里，旁边就是猪圈，下雨时还会漏水。一到夏天，何巧女只能赤脚走路，直到10岁才拥有了第一双凉鞋。

也是因为穷，何巧女一年只能吃一次鸡蛋，以至于初中、高中体检，每一次何巧女都是营养不良。

直到20世纪80年代改革开放，何巧女家中的贫困状况才有所改观。趁着开放浪潮，父亲何应彩倒腾起花木种植，结果随着花木市场的兴旺

彼时的京广中心是北京 CBD 地区的第一高楼，拿下京广中心的订单标志着何巧女事业正式起步。1992 年，何巧女正式创立东方园林艺术公司，又在北京洼里乡建立了鲜花基地，做起了鲜花批发生意。

作为一家初创公司，这是鲜花着锦、烈火烹油的飞速上升时段，不曾想噩梦突然来袭。何巧女的创业早期遭遇过很多苦难，最终都是自己站起来，但 1993 年那次是最惨的一次，那是她的“至暗时刻”。

何巧女后来回忆：“那段时期（1993 年）发生的事情，是我一辈子都不会忘记的。所有的痛苦堆积起来，只有一个人去承受。没有人理你能不能承受，你只能自己挺住。经过这些之后，我才感觉到，失败对一个人来说，最重要的不是吸取什么教训，而是对一个人心理的考验。”

1993 年，何巧女还在做鲜花租售生意，受到小道消息诱惑，莫名其妙去河南开矿，结果钱投进去被骗了个精光。她和一位经理商量，决定拿出公司最后一点钱搏一搏，购进一批鲜花嫁接苗，等到来年情人节，就把鲜花卖出去赚上一笔。春节假期的一天，她决定去花房看看，却发现鲜花苗根本没嫁接，原来这名员工卷着购买鲜花苗的钱款跑了。

当时的花房是向北京朝阳区洼里乡政府租借，租金较低，但卖出的鲜花所得收益，双方五五分成。看到花房遭受损失，洼里乡政府也很着急，书记找到何巧女，要她按照预期价格偿付 14 万元。何巧女付不出这笔钱，只好签下借条，5 年之内连本带息偿还 21 万元。那段时间，何巧女和家人不得不居住在农民工聚集地，家人也要替她还债。“我写下了数不清的欠条，道了数不清的歉，也说了说不尽的好话，才勉强撑过一天是一天”。

彼时的何巧女沮丧到极点，专门找来邓颖超、宋庆龄等伟大女性的传记研读，希望能够学习她们面对困难时的精神。

之后何巧女将所有精力投入“自救”。1994 年，负债累累的她终于抓到了御园别墅绿化这根“救命稻草”。之后的时间里，何巧女每天在工地现场，带队施工，“我们一草一木一石地推敲，拼死也要做

出精品。”皇天不负有心人，在她的精心调配下，楼盘的园林景观反而成了最大卖点。

媒体闻风报道，何巧女一战成名。

凭着几个地产景观项目，何巧女还清了债务。之后她偶然得知之前卷款逃走的经理在哪儿，但她觉得，再去找他已经没有意义。“你最困难的时候，选择信任一个人，他还是欺负你。你能容下这件事，内心就会变得强大。”

此后的两年，改革开放的进程逐渐加快，但伴随而来的环境问题也逐渐凸显，地产园林的商机开始出现，东方园林迎来了积极扩张的黄金时期。多年之后回想起来，何巧女仍然感到自豪，“1995、1996 年那个时候，几乎全北京的外销楼盘的园林都是我们做的”。

1998 年，何巧女做了东方广场项目。东方广场位于北京市中心，坐落于东长安街 1 号，占地 10 万平方米，总建筑面积达 80 万平方米，是当时亚洲最大的商业建筑群之一。同一年，北京市东方园林艺术公司成为股份合作制企业。

对彼时的何巧女来说，未来存在无限可能。

正本清源

2001 年，恰逢创业板即将推出，资本市场神话般的加速度为民营企业打了一支兴奋剂。“那是中国改革开放以后第一次见证资本市场神奇力量时的一种憧憬和一种孤独的想象。”何巧女用了这样一个长句，来形容彼时对上市的期待。

东方园林开始在全国各地承接项目，在全国范围内开了 12 家分公司，同时承接 80 多个项目，业务从苗木供应到设计再到施工，纵向一体化全线铺开，员工数量从最初的几十人迅速扩展到 700 多人。在何巧女的宏伟计划中，到 2002 年下半年，最晚 2003 年年底，东方园林就应该是一家创业板公司了。

就在东方园林向创业板冲刺的同时，给何巧女重大打击的政策信号出现了，在互联网泡沫破灭之后，中国股市步入熊市，监管层对创业板态度谨慎：无限期推迟。

与此同时，东方园林快速扩张的弊端开始显露。

2003 年的某天，一个疲惫的中年男子带着一支清算小组，走进了东方园林某分公司的办公楼。他刚一落座，就闯进来很多人讨债，中年男子苦苦哀求，请求宽限时间。这个男人正是何巧女的丈夫唐凯。

公司的扩张速度很快，但无论是资金、管理还是人才都无法与速度相匹配。园林行业的一个特点是预付款很少，所以每做一个新项目，都需要企业先行垫资，由于管理能力跟不上，各地工程开始出现质量问题，有些客户不买账，有些则要起诉何巧女，东方园林的资金链宣告断裂。何巧女回忆说：“那个时候真是一分钱也拿不出来，贷款也贷不了。”

何巧女如梦初醒，2003 年年初正式宣布战略收缩，希望避免 1993 年的悲剧重演。可是时间仿佛真的回到了 1993 年，各个分公司的老总，有的开着公司的车扬长而去，有的带着公司的合同另起炉灶……往日聚集在她身边的人风流云散。但也有人和她一起留下来收拾烂摊子，其中就包括她的丈夫唐凯。

何巧女并不是特别有战略眼光的创业者，她也自承有许多不那么高明的决策，中国孟子提出的“一治一乱”观点几乎可以概括东方园林非常波折的成长史。但令人啧啧称奇的是，何巧女似乎有强大的自我迭代能力，总能引领东方园林再次回到高速成长的轨道。

唐凯迅速建立了清算组，扛下了清算各地未完成工程的重任，被辱骂、被围堵都是经常的事。何巧女也亲自上阵，重新制定战略规划，不再盲目扩张，集中资源，成立重大项目组。

那段时间，何巧女几乎没有睡过一个安稳觉，晚上开会，白天跑工地，挣的钱全部用来还债。“那个时候真是在救火。给你工程做的，给你回款的，真的就是上帝。2003、2004 年的客户，我都认为是我的恩人。”

东方园林在 2009 年上市后，何巧女也曾走过岔路。她坦言，那时不够专注，看到房地产、金融、互联网很火，她也想尝试一把，作为新的业务突破口。试过以后才发现，有的事情并不属于她。

“回头看，我们凡是以园林为出发点寻找的路都是对的，反之都是错的，做企业还是要聚焦，尤其是女性，容易被太多东西所吸引。”何巧女说。

2005 年，东方园林凭借“森林花园式酒店”的独特设计虎口夺食，从国有企业手中拿下了苏州金鸡湖大酒店国宾馆项目。2006 年国宾馆项目完工，业界为之震惊。外行只能看到“很漂亮”，只有内行才知道设计施工一体化有多艰难。

这件作品是东方园林成立以来的转折之作，正因为这件作品，东方园林的声誉达到前所未有的高度。此后何巧女接连出手，几乎承包了大部分顶级市政景观项目，包括北京 T3 航站楼、北京通州运河文化广场、北京奥林匹克公园景观大道等。

在做北京奥林匹克公园景观大道的时候，由于“节约办奥运”的理念，甲方将景观大道两旁的树木规定为直径 15 厘米的银杏树。何巧女当即找到负责人，要求替换为直径 25 厘米的大树。奥运工程十分严谨，每一个细小的改动都需要层层审批，一来一回程序非常繁琐。

按理来说这并不是何巧女的分内之事，可她想要做到最好。她向甲方提议：“我给你用大树，但只收你小树的钱，你就别上报了。”为此，何巧女还签下了保证书，当项目竣工之后，又是一片叫好声。何巧女说，现在做项目会考虑“要给城市留下什么，而不只是成本利润”。

此举让东方园林一举成为行业老大，这才有了后来的“园林第一股”。

2009 年 11 月 27 日，东方园林在深市中小板上市，成为中国园林第一股

美丽中国

2009 年 11 月，东方园林在深圳证券交易所上市，成为中国园林行业第一家上市公司。上市首日，其股价上涨 98%，总市值接近 60 亿元。次年 8 月，股民突然发现一支叫“东方园林”的股票已经蹿升至 229 元的天价，取代彼时的贵州茅台，成为新的“第一高价股”。

何巧女的创业大致可以分为三个阶段：第一个阶段是做“公园”；第二阶段是做“河流”：现在的定位是“心系地球”。长期在园林行业耕耘，让她对中国每况愈下的环境状况有了深刻的认识，她为此痛心疾首。“我要让中国土地里的粮食可以放心吃，中国的淡水鱼可以放心吃，让中国的每一条河流清澈而美丽。”何巧女说自己的目标就是为“美丽中国”

贡献力量。

2012 年 11 月，何巧女建立北京巧女公益基金会，并以“保护地球、保护大自然”为使命，立志成为全球最具影响力的大自然保护基金会。

2013 年，何巧女带着团队去美国考察，发现前几年美国的河流污染问题也十分严重。佛罗里达州有 5000 平方公里的甘蔗地，河流浑浊不堪。但美国人通过水生态治理的办法解决了污染问题。

2014 年，中国政府开始大力推行 PPP 模式，何巧女抓住这个风口，宣布将东方园林打造为中国水环境治理的领先品牌，下决心要做“城市生态治理的领导者”和“全球生态技术的整合者”。也是从这时起，何巧女开始“用企业的模式做公益，用公益的理念做企业”。

2015 年 8 月 8 日，东方园林乔迁新址。庆典上，何巧女宣布了她的商业蓝图：东方园林未来的战略主题为“心系地球”。“3 到 5 年内，东方园林生态股份市值将达到 1000 亿元，至多 10 年，将打造 5 个不同领域的千亿市值公司。”

如今，东方园林汇集了国内外水资源管理领域的顶级人才，业务涵盖水污染治理、水利、城市给排水、海绵城市建设等专业领域。东方园林的资本也已进入到危废、水污染等中国环境问题最核心的地方，它以 PPP 模式与各地政府合作，何巧女要“为大自然疗伤”。2016 年是东方园林业绩爆发的一年。其中，2015 年累计中标 PPP 项目约 330 亿元，2016 年中标 PPP 项目金额约 380 亿元，两年签了 600 多亿 PPP 合同，数量是过去 5 年签的合同总额的两倍。

有这样巨大的突破，不仅仅是因为政府对环境治理的支持，更重要的原因是东方园林建立了一套技术系统：“水资源、水环境、水景观”三位一体 + 水务城市水系综合治理理念。“河流治理的时候，怎么把水治好，同时还要把水治干净，然后还要把河流两岸的景观做好，我们称这项技术为‘三位一体’。”何巧女解释说。

此外，何巧女也用公益的方式做生态环保。2014 年，比尔 · 盖茨

2015 年 8 月 8 日，何巧女带领全家宣布致力于公益事业

中国行，何巧女参加了午宴。比尔·盖茨结合自己在非洲做贫困医疗的案例，向中国企业家分享世界为什么需要慈善。比尔·盖茨说："世界上有一些事情是政治家可以解决的，有一些事情是企业家可以解决的，有一些事情是只有慈善家才可以解决的……希望越来越多的企业家成为慈善家。"何巧女对这番话深有感触。

同年，何巧女皈依佛教，宣布东方园林要成为善良的企业，在她看来，"成就善良企业"是一个特别美妙的理想。"我觉得打造一个善良的企业对于我自己内心来说是一个特别大的驱动，突然之间我的内心就充满了激情，我觉得自己就像 28 岁。"也是在这一年，何巧女捐出 6000 万元支持阿字活佛的公益项目。

2015年9月，她又承诺捐出自己拥有的7630万股东方园林股票（价值约29.37亿），用以推动生态环保和公益事业。2016年11月，何巧女在联合国摩洛哥气候大会上，宣布将由北京巧女基金会投入10亿美元，致力于气候可持续发展。2017年10月，何巧女又在摩纳哥举办的IUCN世界自然保护联盟会上宣布，捐出15亿美元，用于野生动物保护事业……

而这些，还只是何巧女慈善版图的一部分，何巧女在教育、创业等领域也有非常多的捐赠项目。她曾先后向浙江武义一中捐资设立了东方园林奖学金、向她的母校北京林业大学捐资4000万设立教育发展基金。2014年6月，她捐赠2500万元，在中国人民大学成立首个生态金融智库。至今，巧女公益基金会已经在北京大学、清华大学、中国人民大学及北京林业大学，成立了四个生态研究智库。

2017年4月，何巧女又宣布与中国企业家木兰汇共同发起"木兰公益联盟"，并承诺捐赠3亿元扶持女性创业。短短三四年时间，何巧女所承诺捐赠的金额已经超过180亿元。2017年，何巧女以265亿元人民币财富位列胡润女企业家榜第11位，其承诺捐赠金额已达其个人总资产的70%，一度被称为"女首善"。

浪漫管理

以商业、公益"双轮驱动"的东方园林兼顾了社会效益和企业效益，但这还不够。在何巧女看来，做企业要收获三个效益：社会效益、企业效益、员工效益。何巧女希望打造"快乐职场"，她认为这是"善良企业"的义务之一。

何巧女最喜欢的企业家是与她并称"商界双姝"的董明珠。有一次何巧女去格力参观，董明珠说，"我要让我的工人成为全世界最幸福的工人"。那一刻何巧女特别尊敬她，"觉得董姐姐太有爱心了"。2017年，何巧女也高调宣布"我要让我的员工成为全世界最幸福的员工。"

为了让员工更加幸福，东方园林建立了更好的薪酬体系、增加了更多的职业技能培训、开展了丰富多彩的企业文化活动，也制定了长远的激励机制，但她认为这些只是“基础中的基础”。“如何让员工快乐起来？我研究了稻盛和夫的哲学，也接受了阿字活佛的教诲，我觉得可以借助佛法的精髓来打造快乐职场。”

简而言之，快乐职场的核心是宽容与利他，何巧女始终身体力行。

何巧女曾拿公司一名男性高管举例子，笑着说：“第一天吵架了，有时候是他的错，第二天他也会到我办公室跟我说‘快给我道歉吧’。”这时候，她总是很乐于满足这些精英男的内心需要。

在东方园林有一个不成文的规矩，如果同事因为分歧吵架了，一定要当天消化掉，始终保持愉快创业的状态。“我跟年纪大的说你为什么不能跟小的道歉，然后又去跟年纪小的说，你年纪小给大的道歉是应该的；跟男的说男人给女人道歉不是天经地义的吗，又去跟女的说，女人难道不应该更柔韧、更宽容？这样大家就互相理解了。”佛法的熏染以及女人天性中的友善和智慧，给何巧女的管理增加了许多温情色彩。

但是柔性管理并不代表“宽松”，在业务上，何巧女是个事无巨细的领导者，跟她共事要有强大的心理承受能力，一位男下属形容跟她开会就像“过筛子眼”。她总是拿着纸和笔边听边记，随时可能会打破砂锅问到底。要是没有做好充分的准备，随时可能会被她问住。对于不懂的问题，她会直接说我不懂，你给我讲清楚。

何巧女在管理上还有一件利器，那就是“梦想”。

自东方园林上市以来，规模不断扩大，有越来越多的明星经理人加入东方园林。在梦想这个层面，何巧女和团队是平等的关系，她对公司股权采取了开放的策略，大家一起完成梦想。如前文所述，何巧女对梦想有一种忘我的激情，这很容易感染人。

东方园林原高管丁遥回忆说，在他加入东方园林之前，曾收到了何巧女亲自写的诗，虽然诗味不足，但求贤若渴之意非常直白，把他感动得不得了。不止是他，据说公司高层几乎都收到过她的诗。

在企业管理上，何巧女是一个很有情趣的人，但在生活中，何巧女自承“年轻的时候还好，年纪大了以后也就没什么生活情趣了”。她将绝大多数时间都献给了环保和公益事业，在 40 岁时，她才有了自己的孩子。因为工作太忙，她每周陪孩子的时间非常少。她有些愧疚，家里所有的人都溺爱这个孩子，她看不过，成为家里唯一对儿子唱黑脸的角色。她曾担心儿子会跟她不亲，但是儿子每次外出都会记得给妈妈带礼物。“我花了这么少的时间陪他，他跟我这么亲，老天真是待我不薄。”

何巧女感慨于自己的幸运，但她也告诫创业者尤其是女性创业者，不要奢求这种幸运，要顺其自然。“不要想着有一个非常美好的家庭，特别好的丈夫，特别好的孩子，你有这个想法基本干不成事。”

她曾经无奈地表示“在科学界、艺术界、体育界，女性都超过了半边天，但有一界，女性离半边天还差得太远，这一界就是企业界，女企业家就像弱势群体一样，导致谁都不爱”。但对中国女企业家的未来，何巧女充满信心，她说：“10 年后，中国要有 20 个董明珠！”这也是她发起木兰公益联盟、扶持女性创业的初心。

2017 年，51 岁的何巧女表示：“50 岁多年轻啊！是女企业家最好的年龄。我又规划了一个 10 年目标，希望心系地球，为人类回归自然创造一种生活方式。”

陈爱莲/匠心智造

文 | 胡坤

陈爱莲　万丰奥特控股集团董事局主席、木兰汇常务理事

木兰小传

陈爱莲从 50 万元贷款起家，打造了大交通领域的全球领跑企业。她是中国企业联合会副会长、全国工商联执委、浙江省工商联副主席、浙江省女企业家协会会长，曾获全国优秀企业家、全国三八红旗手、中国十大女杰、促进中国经济发展的企业成功女性、首届全球浙商金奖等荣誉称号。她创立的万丰集团从汽车零部件起家，经过数次转型，已经形成与航空工业、智能装备、金融投资等四大板块齐头并进的格局。自 1994 年集团成立以来，万丰每年保持着 25% 以上的增长速度，集团旗下以汽车零部件为主营业务的万丰奥威是行业内首家上市公司。

近年来，万丰不断加快国际化征程，先后收购了世界镁合金行业的全球领导者镁瑞丁、全球前三的焊接自动化装备系统服务商美国派斯林机器人、世界通航飞机前三强的制造商钻石航空等国际知名企业，抢占了“微笑曲线”的两端和中国制造制高点。陈爱莲提出，万丰未来几年的目标是实现市值千亿。

对未来的 20 年，陈爱莲的目光已经不再局限于汽车工业，而是以此为基础，延伸到航空、高铁、航天等“大交通”领域。

创业艰辛，你是如何长期保持活力的？

陈爱莲：人生的价值在于创造财富，而财富的价值在于奉献社会。因为奉献，所以快乐。每天一早醒来，想到今天又能投入到新的挑战中，整个人就会兴奋，所以我就能在工作中永远保持活力。

创业是一个漫长的过程，你是如何理解成长的？

陈爱莲：我们十分清楚，一旦走上创业这条道路，注定是漫长的旅程。但我们并不孤单，也不惧怕。因为我们不忘来路、不改初心，始终知道自己的情怀是什么。我们在磨砺中慢慢生长，我们更将一如既往地上下求索，创造更加灿烂的明天。

在多年前的一天深夜，陈爱莲突然从梦中惊醒，一下子从床上坐了起来。“你怎么啦？”丈夫问她。她平静了一会儿说：“没事！”

在那段时间里，一笔大额投资没能如期收回本息，陈爱莲承受着巨大的压力。毕竟，作为万丰集团董事局主席，她是决策者和最后拍板人。而且对于那个时候的万丰来说，这也不是一笔小钱。

几个月之后，这笔投资被成功收回，然后像时间长河上的一朵浪花，慢慢被人遗忘。而从始至终，所有人，包括她枕边的丈夫，都不知道她曾经为这笔钱焦虑失眠过。在万丰集团一万多名员工的眼里，他们的董事局主席一直是那个永远也难不倒、永远也不会焦虑的女能人。

陈爱莲是一个不折不扣的完美主义者。在公开场合，只要她出现，都会穿着颜色鲜艳亮丽的长裙，化着浓淡相宜的妆容，优雅而精致。在中国制造业企业家群体中，她绝对是一道独特的风景。

这是一个充斥着阳刚之气的行业——铝锭被倒进熔炉，化成通红的金属液体，再经过压铸、冷却、打磨之后，变成一个个坚硬的轮毂，似乎连空气中都充满着男性荷尔蒙的气味，行业竞争之激烈，超出人们的想象。

和陈爱莲所在的浙商群体一样，她低调、敢闯，也时刻感受到危机感。如何找到切入口进入市场，如何在激烈的竞争中赢得一席之地，如何在不同经济周期控制风险，以及如何选择转型和国际化的契机……陈爱莲带领万丰集团寻找着这些命题的答案，也浓缩了一个“中国制造”转型升级的典型样本。

目前，万丰集团已从汽车部件转型升级，进入到万亿级产业——通用航空，再加上智能装备及机器人、金融投资，万丰集团形成了四大产业并驾齐驱的发展态势，拥有八大事业部、二十多个生产基地，遍布三大洲、十多个国家，实现了资本、管理、科技、品牌、人才五个国际化。

每次转型，万丰都进入一个比以往更大的市场，新的风险和挑战也会随之而来。对于陈爱莲来说，转型如果成功，那么她将万丰打造成一家百年企业的梦想又往前踏出了一大步。而如果失败……“万丰不会失败！”陈爱莲斩钉截铁地说。

植入“匠心”

1995年正月，万丰铝轮产品供不应求，陈爱莲安排工人加班加点超负荷生产，赶制出了价值60多万元的1470件产品。在出厂检验时，这批产品被发现有极其细微的裂纹，但仍达到行业产品标准，不影响正常使用，当时好多厂家都抢着要。

陈爱莲却作出了一个令许多人不解甚至震惊的决定：全部报废！

随即召开的现场质量分析会上，生产人员、质量检查人员、车间主任一个个上台检讨，对责任人做出了严肃处理。陈爱莲告诫大家：企业如果生产劣质产品，就是对社会资源的浪费，对社会的犯罪。

要知道这是刚刚起步的万丰集团，60万元的损失很可能就会让企业陷入困境。彼时的中国制造，对质量也并没有如此苛求。但陈爱莲显然看得更远，她要让精益求精的工匠精神，融入到每一位员工的内心深处，成为公司的灵魂。

这种远见对一家还在“夹缝”中艰难挣扎的企业，殊为不易。但发生在陈爱莲身上，却似乎并不令人意外，她的骨子里天生就有一股不服输的劲。

在陈爱莲还是个年轻姑娘的时候，浙江省新昌县给她所在的乡分派下来一辆拖拉机。在当时，拖拉机绝对是一件稀罕物，新昌县所属的绍兴市此前很长一段时间里总共才有 4 辆。而且，开拖拉机在那个时代也是一个非常光荣的职业，绝不亚于现在的开飞机。在 1962 年开始发行的第三套人民币中，一元面值的背面图案就是一位开着拖拉机的少女。

陈爱莲此前就已报名参加了为期三个月的手扶拖拉机驾驶员培训班，她的表现比班上绝大多数的男学员都要出色，培训第二天就敢上车操作。但问题是，按照当时不成文的规矩，拖拉机手的名额其实“内定”给了一名退伍军人，陈爱莲显然没有机会了。如果是别人，可能就放弃了，但她没有。她瞒着家里人，一个人来到县城，找到了负责这件事的县农机站站长，软磨硬泡，终于打动了站长，硬生生地又拿到了一个名额，和退伍军人一起成为一名“拖拉机手”。

陈爱莲似乎从来没有想过失败。想清楚了就去做，并且一定要做成，这是她一贯的风格。

1993 年年底，万丰决策切入铝轮项目，没有自己的厂房，就在两幢厂房间的夹道上方搭了个简易棚，开始起步。“当时我们是‘三无’企业，一无资金，二无装备，三无厂房。”陈爱莲说。

要保证基本的年产规模，除了厂房，还需要价值 100 万元的生产设备和 50 万元的流动资金，这些陈爱莲都没有。贷款的 50 万元流动资金，赊购的 4 台重力铸造机，这是陈爱莲的全盘筹码。

她决定放手一搏。进入轮毂试制阶段，她又做了一件几乎疯狂的事，

年轻时担任拖拉机手的陈爱莲

她将丈夫送给自己的生日礼物——一辆崭新的日本进口雅马哈摩托车铝轮拆卸下来，充当试制样品。她和技术骨干小组测量技术参数、绘制图纸、制作铸造模具，“依样画葫芦”地搞起了摩托车铝轮的试制，通宵达旦地鏖战。

历经100多个日日夜夜，第一个产品终于做成了。

经过1995年年初“挥泪砸轮毂”事件，万丰铝轮的品质在千军万马“厮杀”中得到市场认可。到了1996年，仅仅两年时间，万丰的摩托车铝轮生产规模就位居国内第二。这激发了陈爱莲更大的创业雄心，紧接着又上马了汽车铝轮项目。也是从那时起，陈爱莲率领团队频频走出国门，汲取先进技术和管理经验。

有一次，她率领技术骨干团队前往日本，专门考察冈谷钢机株式会社等12家百年企业。“这其中有些企业的董事长、总经理所表现出来的生产经营管理水平，并不都是很出色，有几个总经理甚至还不如当时万丰的车间主任水平高。”陈爱莲回忆。

但打动陈爱莲的是，这些百年老店都有着各具特色的企业文化，其中最突出的一点就是特别注重“匠人匠心”，这成了每家企业的血液和骨髓，根植于每名员工内心深处。

那次考察回来后，陈爱莲下决心将“匠心之魂”锤炼并深深融入企业文化，并把“为客户提供满意的产品和优质的服务”作为企业的使命。

“我们后来总结了三句话：没有战略就没有方向；没有文化就没有灵魂；没有创新就没有未来。”陈爱莲说，制造企业最重要的就是要有工匠精神，追求极致，力求完美；万丰在开始创业时就把这种“匠心”文化植入到每个员工心底。

并购告捷

在万丰每一次转型升级中，陈爱莲都是最主要的发起者和推进者。她对于自己的战略眼光非常自信，每次都能准确地找到万丰应该转型的方向。

“这可能就是一种天赋。”她说。但一开始，执行团队可不像她自己那么自信。对她而言，每一次转型升级都是一场“战争”，除了市场上的竞争对手，更有来自集团内部的不同意见，比较典型的就是海外收购。

“我们陈主席非常注重博采众长。”和陈爱莲共事多年的万丰集团前党委副书记徐志良说。在他看来，陈爱莲特别擅长洋为中用，走由拿来主义到自主创新这种路径，最直接的体现就是收购兼并。

2013 年 11 月，万丰集团斥资 15.3 亿元，将世界镁合金行业的全球领导者——加拿大镁瑞丁收入麾下。

当时业界都说这笔买卖万丰亏了。陈爱莲不这么认为，她认为真正做企业的，目光不能盯着眼前一点利益。“镁瑞丁的产业价值非常强，不仅可以做强，更可以做大做久！”她所说的产业价值，主要体现在产业发展的生命周期中，企业在行业中的地位及未来的市场前景。

镁瑞丁目前在全球 5 个国家设有 6 个生产基地和研发中心，与特斯拉、保时捷等世界高端汽车品牌都保持长期合作关系。在北美的镁合金压铸汽车零部件市场中，镁瑞丁的市场占有率高达 65%。

在陈爱莲看来，镁合金产业后期的增长潜力巨大，特别是在中国，由于航空、航天领域对镁合金材料的需求旺盛，至少还有三五十年的高增长期。

事实上，万丰收购镁瑞丁后，市场竞争能力、经营管理水平、溢价能力等都得到了大幅提升。“这为万丰下阶段其他产品领域的市场开拓和海外并购奠定了基础，提供了思路。”陈爱莲说。

万丰集团董事长办公室主任石利明介绍，过去中国企业最多只能制

2016 年 3 月，美国密歇根州沃伦市，万丰集团收购拥有 80 年历史的美国焊接机器人前三强 PASLIN 公司

造拳头大小的镁合金产品，但现在通过万丰独有的薄壁压铸技术，能够制造整块的镁合金汽车内门板。在收购镁瑞丁的时候，这家公司一年的盈利还不足 3000 万人民币，但经过万丰的整合经营，仅 2016 年一年就给上市公司万丰奥威贡献了数十倍的盈利。

万丰的智慧工厂，是陈爱莲另一个一定要做成的项目。

2014 年开始，“机器换人”成为工业领域的一个热词。陈爱莲敏锐地捕捉到这一信息，她根据万丰实际，亲自动笔画了一张“智慧工厂”概念图。当她在董事会上抛出这张概念图后，大家都傻了。因为按照她的这种图纸，万丰的智慧工厂屋顶要有太阳能，地下要有天然气，中间是机器人，整个生产过程全部由计算机控制。另外，打磨产生的碎屑通过专门的管道及时收集到地下，生产过程中产生的废水要过滤处理，循环使用、放水养鱼，符合“绿色万丰”的发展理念。

当初，对于陈爱莲这个智慧工厂的创意，董事会上很多人都接受不了。“陈主席又不是搞技术的，怎么想出这个来？”有人私下里这样嘟囔。还有的人当面表示疑问，比如“这个从来没有人做过，能做成吗？”“几十亿的投入是不是有些大？”之类的。但她明确告诉大家：未来“机器换人”是大趋势，工厂一定要转型，这个事情万丰必须做，而且要走在行业前列，做成样板，成为全球行业细分市场的领跑者。

于是，经过专家团队及技术人员论证设计，董事会专题讨论、决策后，陈爱莲的超前思想和经营理念全面得到贯彻、落实，切实转化为生产力，智慧工厂项目很快落地生根、开花结果。

如今，万丰汽车部件智慧工厂一期工程已初具规模，第一件产品2017年4月13日正式下线，6月份实现了满负荷生产。这座崭新的工厂里干净整洁，和传统的铸造车间完全不一样，自动化程度大幅度提高。按照这个工厂的生产规模，原本需要2500名工人，但现在只需要500名就可以了。“现在劳动生产效率大大提高，人均达到200万元以上，关键是我们的成本进一步降低，产品质量得到保证，核心竞争力更强了！”陈爱莲不无骄傲地说。

智慧工厂最核心的内容是“机器换人”。此前，万丰集团在工业机器人的研发上已有10多年时间，以高端铸造机器人和机加工机器人的业务发展见长。但长期以来，焊接机器人技术门槛较高，是国内装备行业的软肋。

陈爱莲决定再次实施“中国资源嫁接全球动力”。她派出吴锦华为首的收购团队，在全球范围物色优质标的，自己则在国内坐镇指挥，快速决策，短短5个月内，万丰就以3.02亿美元的价格，全资收购具有80年历史的全球焊接机器人领跑者——美国PASLIN公司，使万丰的工业机器人至少提前 10 年登上了国际舞台，直接与库卡、ABB 等国际同行同台竞技，为全球机器人产业发展作出贡献。

万丰通过实施“走出去”战略后，再“请进来”，引进美国 PASLIN 公司的先进技术和全球市场，成立 PASLIN 中国公司，并高起点建设投资 20 多亿元的万丰锦源高端产业园，实现了并购的协同效应。未来几年，万丰机器人产值有望突破 100 亿元，在智能制造上快速升级。

“万丰要真正树立工业 4.0 全球行业细分市场的一个标杆，继续引领行业发展。”陈爱莲说，万丰要完成汽车部件传统产业的全面切换，实现智慧工厂全覆盖。

通航起飞

三年前，陈爱莲开始布局一个全新的领域——通用航空。当时，这还是一个很少人关注的细分市场。

2016 年 5 月，中国国务院发布《关于发展通航的指导意见》，中国通航作为一个产业真正开始迎来春天。根据这份文件，这个产业五年之后将会成为规模万亿的产业。随着低空空域管制放开，这个产业将迎来爆发式增长。

而此时，万丰已经在这个万亿产业领域投下 100 多亿元。在国外，万丰并购控股了世界前三强的钻石飞机工业、捷克 DF 飞机制造等公司；在国内，总投资百亿元、建设面积 5.5 平方公里的万丰航空小镇一期工程已经完成，二期工程正在兴建当中。

“我们陈主席的战略眼光，永远契合时代脉搏，并走在时代的前列。”航空板块总裁刘剑平是在万丰进入航空工业时加盟万丰集团的，他对于陈爱莲在这个公司的地位和作用深有感触。他是航空专家，但对于陈爱莲却很佩服，认为她一眼就能看到哪些事情是可以做成的，哪些是做不成的。

刘剑平曾担任深圳航空公司的常务副总裁，并参与创办多家地方性

航空公司。他一开始对于万丰的航空项目是心存疑虑的，因为他此前所在的民航和万丰现在布局的通航，完全是两个概念。通航即通用航空，一般指企业或个人自驾飞机从事的各种活动，这里的飞机通常是小型飞机或直升机，所从事的活动包括喷洒农药、空中摄影、旅游等。

“中国之前没有几个人懂通航。”刘剑平认为陈爱莲有非常强的魄力和前瞻眼光，“在当前全国通航领域，只有万丰是全产业链发展的。”万丰仅用一个“五年规划”，就完成了通航产业的国际化布局，形成飞机制造、机场建设、通航运营、航校培训、地勤服务等相关产业的完整产业链，在这场竞争中抢得先机。

“很多中国企业进入通航领域选择的路径比较单一，多数从事的是简单的飞机零部件配套生产制造，而万丰不一样，我们希望能够形成以飞机制造为核心，构建全产业链运营体系，通过建设航空小镇，在供给侧成为通航产业的‘航空母舰’。”陈爱莲认为，在国内通航产业刚刚起步阶段，万丰在通航领域的创举，对整个通航产业、高端制造业，以及社会经济发展，都起到了积极的推动作用和借鉴意义，并助推“中国创造”进程。

“我们对航空项目很看好，充满了信心。”一位在万丰工作了20多年的中层管理干部表示。当被问及原因时，他的回答是：“陈主席不仅对这个项目很有信心，而且已做好了航空工业未来20年发展的愿景规划，对于人、财、物、供、产、销、市场、机制等要素，都有全面明晰的布局，并在有序推进中。”这位老万丰人如数家珍。

前瞻性来自哪里？“没有战略就没有方向，我们始终与国家保持同步，每五年制定一个规划。”基于对战略的把控，陈爱莲说自己从未在迷雾丛林中迷失方向。

万丰的第一个五年即“九五规划”，把摩托车铝轮做到了全球领跑。“十五”期间，将汽车铝轮做到了全球领跑。“十一五”期间，万丰奥威在2006年成为国内行业首家上市公司，镁瑞丁新材料镁合金实现了行业细分市场全球领跑，环保新工艺涂覆做到了行业细分市场国内领跑。

到了“十二五”，万丰开始向通用航空进军。陈爱莲将航空产业的新项目视为万丰产业转型升级的一次重要举措。“通航做好了，万丰能够再辉煌二三十年，这也是我们打造‘百强万丰、百誉万丰、百年万丰’的一个重要路径。”

陈爱莲相信，通过5～10年的努力，万丰的通航产业必将走在全国前列，中国的通航产业必将走在全世界前列，这是“中国制造”向“中国创造”迈进的里程碑。

今年是万丰实施“十三五”规划的第二年，万丰通用航空产业已初具规模。按照规划，到“十三五”期末，万丰集团上市公司产业转型升级为工业4.0，成为全球细分市场的样板；航空工业要成为大交通领域的样板，建成全国“标杆”的民用航空集团；历经三年研制的3D打印系列产品将投放市场，机器人智能装备产业实现成功上市，成为工业机器人行业细分市场领跑者；金融投资产业实现长三角区域行业细分市场领跑。

更大梦想

陈爱莲深知，“站在巨人的肩膀上，不如自己做个巨人”。

人是企业的重要组成部分，人心所向决定新战略、新型管理技术、工具和制度流程的有效程度。在万丰打造资产千亿、市值千亿、销售千亿的庞大“帝国”的征程中，员工是维系其稳固与长久的基石。“一个人的力量有限，团队的威力无穷。”这是陈爱莲倡导的企业文化核心，已经在全体万丰人心中落地生根。当然有些时候，执行团队也有一些人跟不上自己的脚步，但陈爱莲认为这是很正常的，作为万丰集团创始人，自己理应走在所有人的前面。

“工匠精神必须与时俱进，而学习是最好的渠道。”陈爱莲特别看重学习的作用。这些年来，她带头先后就读过浙江大学、复旦大学、北京大学等知名大学的各种课程，已拥有硕士和博士学位。她还计划接下来到美国哈佛大学深造，进一步学习企业国际化先进理念和管理模式。

吐故纳新，甘之如饴。读书对她而言是一种享受。陈爱莲在公司是“吐故”，定战略、出政策，把方向、作决策；在学校是“纳新”，知道现在正在做的对不对，明白未来怎么走。只有不断纳新，才能保证公司少走“弯路”，这一点对她来说非常重要。通过多年的融合，全体万丰人形成了共同的价值观。

“学习是员工进步的起点，培训是企业发展的基础。”每年，陈爱莲会选派大批骨干赴北大、复旦、浙大等进行研修。她以自己的实际行动感染着身边的工作人员，公司上下大部分员工也形成了坚持每天看书学习的好习惯。集团更是推出了专题读书会、读书节分享会，以各种形式建设学习型企业，并推出一年一度以“匠人匠心、科技创新”为主题的系列评选活动。

学习的过程提高了陈爱莲的认知，带动了万丰团队的进步。在践行“工匠精神”的先进制造业征途上，陈爱莲引领并培育了一大批行业内的万丰“工匠”。2017 年，万丰集团员工刘方宝、张煤钢分别被评为“中国铸造大工匠”（全国仅 5 人）、“浙江制造大工匠人气奖”（全省仅 10 人）。他们只是万丰 12000 多名员工“工匠为本、创新为先、极致为上、信息为术”的初心和缩影。

“没有创新就没有活力。”实业的创新需要人才的支撑。陈爱莲特别重视加强科技人才队伍建设，早在“十一五”期间，万丰就提出“135 人才工程”，培育 100 名专家级人才、300 名专业型人才、500 名优秀员工。近几年，万丰通过引进多位 330 海外英才及国千、省千人才，依托万丰工商学院、中央研究院等平台，培养了一大批具有“工匠精神”的高技能人才，真正使企业得到可持续发展。

如今，万丰的国际化布局已初见成效，“大交通”领域的产业具有很强的生命力，国家级研究院的技术创新能力不断增强，品牌建设历经沉淀后，已成为国际知名品牌，产品的市场定位精准，技术团队力量雄厚，专利知识产权方面具有明显优势。

万丰保证员工的工资每年有一定增长。陈爱莲如果发现万丰员工的工资明显比外部低，人力资源总监会被认为失职。她的想法很简单，既然万丰是高端制造企业，那么员工工资就理应比其他一般制造企业的要高。这个逻辑的背后，隐藏着陈爱莲另一个更大的梦想。她说只有让员工实现“快乐工作，幸福生活”的梦，才能实现“营造国际品牌、构筑百年企业”的万丰梦，最终实现中国梦。

不管是万丰的项目转型升级，还是产业转型升级，终极目标是为了打造万丰百年企业。这除了需要匠心，更需要几代人的传承。陈爱莲的两个儿子陈滨、吴锦华很优秀，都具有国际化视野，兄弟俩通过近年来的历练，已迅速成长为在分管领域能独当一面的“领头羊”。万丰集团至今用于社会公益慈善事业的捐款已达 3 亿多元。陈爱莲说，对于儿子们的传承，她更看重的是希望他们传承的是责任使命，传承的是企业家精神。

作为全国人大代表，陈爱莲 10 年来，先后就工业 4.0、工业机器人、互联网 +、大数据、新能源汽车、智能制造、通用航空等产业发展，向国家提交了 50 多件议案建议。陈爱莲说，企业家在这个伟大时代中应当有所作为、有所奉献。

创业是幸福的，创新是美丽的，奉献是光荣的。于陈爱莲而言，对国家的最好报答，就是专注实体经济、弘扬工匠精神、将万丰集团打造成为一个国际化品牌，从而推动行业进步和社会发展，为“中国创造”添砖加瓦。

20 多年，陈爱莲初心未改。

赵依芳／电视剧女王

文｜高四维

赵依芳　华策集团创始人、总裁、木兰汇常务理事

木兰小传

赵依芳是华策集团创始人、总裁，作为在影视行业打拼已 30 多年的领军人物，她还有个称号——“华语电视剧女王”。

她是中国文化产业拓荒者之一。作为恢复高考后的第一届新闻系毕业生，赵依芳选择从浙江省东阳市广电局副局长任上主动“下海”，面对机遇果断出手，创办华策影视集团，并造就“电视剧第一股”。

她紧跟时代和趋势，一边输出文化产品，一边摸索产业新模式。公司年产电视剧 1000 集，电影、综艺十余档，她一手制造了几部点击量破数百亿的爆款作品；凭借工业化体系、平台优势资源和影视精品，她带领华策立于行业领先之地。

如今 61 岁的赵依芳依然斗志满满。未来，她还有一个目标，即实现华策的二次创业，打造一家全球一流的传媒集团。

创业艰辛，你是如何长期保持活力的？

赵依芳：这个时代最大的确定性就是不确定性，就是变化。企业家需要不断适应变化，实现自身管理理念和业务能力的迭代升级，不断开拓新局面。影视行业又是一个与国家、社会发展趋势息息相关、同频共振的行业，我本人和华策也必须拥抱变化，时刻保持活力，跟随行业发展和社会发展大势不断成长。

创业是一个漫长的过程，你是如何理解成长的？

赵依芳：伴随国家对文化产业的高度重视，民众对精神文化消费需求的转型升级，国际影视同行对中国市场的日趋看重，伴随大数据、5G的商业化应用和人工智能的迅速发展赋予互联网时代文化产业更为广阔的发展空间，中国影视产业已然成为美好生活主流产业、朝阳产业、新兴产业。我热爱这份事业，也由衷感到中国影视娱乐行业如今赶上了最好的时代，有缘有幸在这个时代做一家有理想的内容公司，我相信一定能够成就事业梦想，一定能够成就最好的自己。

2018年8月，电视剧《三生三世十里桃花》全网总播放量突破500亿次，成为国产电视剧中第一部突破500亿播放量的电视剧作品。此时，距离《三生三世十里桃花》已经上线500多天，平均下来，意味着在一年半以上的时间里，可能有1亿人每天看了一遍。

这部讲述中国仙幻传奇的爱情故事剧是华策集团2017年的开年巨制，女主角青丘帝姬白浅和男主角九重天太子夜华经历了三世爱恨纠葛后终成眷属。上线首播的两个月里，白浅与夜华相遇、离别又重逢的曲折剧情引得网友频频奔走相告，“仙界”“元神”“历劫”“四海八荒”“十里桃林”等台词亦传遍社交网络。

直到剧终，《三生三世十里桃花》一直都是微博上最热门的话题之一，话题阅读量超100亿次，男女主角累计收割近700万粉丝，在开年的大剧竞争中一骑绝尘，并作为全球最受欢迎的50部影视剧之一，受邀登上戛纳电视节“Fresh Fiction around the world @MIPTV”[1]论坛，这是国产电视剧的第一次。

2017年是华策集团的大年。华策全年累计出品了16部大制作，在《三生三世十里桃花》《孤芳不自赏》《楚乔传》《夏至未至》《致我们单纯的小美好》这些霸屏剧集的持续带动下，华策以5%的剧集占比收割了全网25%的流量，网络总流量累计超过1500亿次，居市场首位。

这些超级剧集背后站着同一个掌门人——华策集团创始人及总裁赵依芳。

女局长“下海”

赵依芳出生于浙江省东阳市，这里是全国著名的“文化和影视名城”，也是全球规模最大的影视拍摄基地横店影视城的所在地。对于赵依芳来说，走上影视文化行业几乎是必然。

她出生长大的小镇上，家门口就有一家电影院。小时候，她和小伙伴们常常会在影院门口等着，检票员会在开场后偷偷放他们进去看一半。不光是电影，照片和报纸对她来说也都是“很好玩、很新鲜的东西”。后来，高考恢复，她报考了浙江传媒学院的新闻系，成为第一届毕业生。

毕业时，正值改革开放的大幕开启，十一届三中全会公报里提出以经济建设为中心，中国开始进入新时期。“当时我觉得特别新鲜，好像懵了很久突然醒了，以前的认知都被颠覆了。我开始去思考自己想要做些什么。”

作为受到特别关注的第一批年轻的高学历人才，赵依芳回到家乡，进了机关单位。从市妇联到市电视台到广电局，一呆便是12年，她仕途平顺，成为当时东阳县机关最年轻的干部，30岁时已经任广电局副局长，“领导喜欢、同事认可”。

1 戛纳电视节的世界新小说论坛。

然而，做了几年行政和组织工作之后，她突然意识到："太顺遂了，每天这样上班，难道我一辈子就这样了吗？是不是还有另外一种人生的过法？"

她住的机关大院里，有很多已经退休的老干部，"我看着他们，就好像一眼能看完我接下来的人生，但是我还有好多想做的事情没做啊，所以我下定决心辞职，要做我觉得对的事情。"

在当时，放弃铁饭碗不是件容易的事情，更别说是个领导岗。赵依芳反复考虑了一年多的时间后，终于下定决心。1992 年，她 35 岁，收拾了几件随身行李和换洗衣裳便来到杭州，先在浙江华新影视公司任总经理。

这正是民营资本介入电视剧市场的萌芽时期。在影视业相对发达的北京、广州、杭州等地的电视台周边，已经出现了一批专为电视台制作节目的民营影视公司。赵依芳也瞄准了这次机遇，决心大干一场。在浙江电视台西边莫干山路上的一个小宾馆里，华新租下了两个标准间，一间是办公室，一间赵依芳住宿，当时公司只有 5 个人。

华新"挂靠"在浙江电视台下属的电视剧制作中心，做电视广告、制作与发行。起初，他们和浙江电视台合作，开发了中国第一个证券类节目《今日证券》，重点关注中国证券市场的动向。

不过，赵依芳想做的更多，她想方设法琢磨怎么做电视剧。1996 年，国家广电总局出台规定，合拍片和引进剧不能在黄金时段播出。1999 年，广电总局开始推进制播分离，电视台可以将节目委托给公司制作。机会来了！华新顺利成为第一家拿到拍摄电视剧甲种经营许可证的民营企业。

他们选择的第一部作品是《子夜》，著名作家茅盾的小说，由编剧程蔚东操刀改编。这是最早完全由民营资本来制作的一批电视剧之一。一部 14 集的长片，赵依芳为此东奔西走筹了 200 万，由茅盾同乡的一批企业家每人资助 5 万，还有从全国各省份电视台收回的广告费。

横空出世的《子夜》引起了市场的一致好评，得了不少奖，更重要的是赚回了成本。“那时不讲什么收视率，好作品的标准是第一能播出，第二能获奖，得到好评。因为谈不上市场化，所以也没什么钱可赚，能回本就很好了。”赵依芳说。

这是一个响亮的开头炮。赵依芳一直倾向于兼具人文精神与娱乐价值的作品，《子夜》就是这种作品。20 多年后，有人重温这部作品时仍然表示赞赏：“读过原著，再看本片，才知道有多么经典。茅盾的史诗性巨著，被如此忠实精心地改编成影视，真可以作为传统的批判现实主义文艺的样板。那一段几分钟梳理了全部主要人物情节的开场白，真是大师级高手才能做得出来的。”

接着他们又做了《主人》《绍兴师爷》《聊斋先生》……一部部，赵依芳亲自找题材、抓剧本、做制片、看剧组、招商……什么都得做。她后来回忆，当时 5 个人的团队，每天都在外面跑业务，脚不沾地的，跟风一样吹过来吹过去，唯一的娱乐活动就是中午休息的时候打会儿牌。很辛苦，但每个人都很开心。

对于中国的创业者来说，1992 年是个特别的年份。受南方谈话的影响，至少 10 万党政干部和知识分子抱着一种敢为人先的浪漫主义情怀以及拓荒精神，主动“下海”创业。他们普遍具有良好的知识背景、在体制内有一定的资源及人脉，有捕捉社会趋势与政策的能力，他们被称作“92 派”。

“92 派”里出了不少代表性的人物，包括泰康人寿董事长兼 CEO 陈东升、中国诚通董事长田源、万通集团董事长冯仑、SOHO 中国董事长潘石屹，还有赵依芳。他们期望着“产业报国”，也渴望在市场的潮流中趟出一条不同的路来。

“起初我的人事关系还在省广电系统，心想如果‘淹死了’还能回去。那时根本没想过 10 年、20 年、30 年以后的事。”赵依芳没有想过可以

赵依芳创业时期

到达哪里，但是显然，创业是一条不归路。

炼成华策

赵依芳掌舵这艘总市值近 200 亿元的“中国电视剧第一股”已经十余年。

1997 年，赵依芳担任总经理的华新影视公司改制，开始自主经营。5 年后，赵依芳收回了公司的全部股权。2005 年，国务院出台政策，鼓励非公有资本进入影视行业，赵依芳于是成立华策影视股份有限公司。

谈及“华策”这个名称的由来，赵依芳这样解释：“‘华’字要有，一定是做中华文化内容的；‘策’呢，大至国策，小至策划创意，都符合，所以对于做中国文化来说，这两个字非常贴合。”说来也巧，正是对政策与趋势的敏感，让华策几乎次次都踩准了节点。

2010年10月26日，华策影视在深圳证券交易所敲响上市钟，成为继华谊兄弟之后国内第二家登陆A股的影视公司，IPO（首次公开募股）发行价68元，首日收盘价107.8元。

上市前一晚，华策举办了一场酒会，大家都很兴奋。“电视剧第一股要敲钟了！”赵依芳也很开心，她多喝了几杯。散场回到房间后，她想起创业以来一路的艰难，忍不住开始嚎啕大哭。第二天，她特意穿上了新买的金色外套，精气十足，看着大屏幕上一路上扬的股价，欣喜于市场对华策的看好，“感觉天上的月亮离自己近了好多”。

喜悦感没有持续太久，事情渐渐起变化了。有许多投资人找到她，同她谈公司业绩、谈产业、谈未来发展。“上市之后，我一下子困惑了。本来我们做好内容就行了，进入资本市场后，要考虑利润成长性、业务可持续性、企业的战略规划这些复杂的东西，”以前的项目，顶多千万元级别，上市之后，项目都以亿计。

心态尚未调整到位，赵依芳压力倍增。“一直到上市之后一段时间，我都不认为自己是企业家，只是文化产业里的从业人员。”

“我不知道是要做赚钱的公司还是做有内容的公司，不知道怎样去平衡自己的愿景和上市公司的成长。月亮离得远的时候一直睡得挺香，靠近月亮后反而睡不着了。”回到公司，她开了个员工大会，当着40个人的面郑重表态，“电视剧第一股这几个字，我们要用一生去做。”

她想明白了。“这个公司只要是我开的，就要专注做内容，要围绕内容去构建实力、做大产业、整合优质资源。”

从此，华策开始稳步进行规模化扩张。首先，要保持电视剧制作行业的龙头位置。2010年，华策出品及引进的电视剧集大概在10部、400集左右；2年后，这个数字上升至12部、525集，整个团队也扩大到约200人。

2013年7月，华策宣布以16.52亿元全资收购行业第二的上海克顿文化传媒全部股权，是彼时国内影视行业交易中金额最大的并购项目。强强联手之后，华策成为国内体量最大的电视剧公司，电视剧市场占有率在首轮的黄金时间占到 10% 左右，生产规模扩大到年产影视剧 1000 集以上，拥有的电视剧版权超过万集。

“但是这不在于数量的叠加，更重要的是在于创作能力、生产能力和将来的创新能力、全媒体市场的布局能力。”赵依芳看中的是克顿的数据研究与评估体系。

相较于一般的影视制作公司，克顿拥有百人以上规模的专业研发团队，长期深入研究电视剧数据，并开发电视剧量化分析软件，比如，“做电视剧怎么选择类型和平台，怎么选择演员，怎么吸引更多人看”。

另一方面，华策开始谋求多元化，一步步做大产业链。2014 年 8 月，华策携手爱奇艺成立从事互联网影视剧和综艺节目制作业务的公司；找来雷军、李彦宏，通过 20 亿元定向增资引入百度、小米等战略合作伙伴；并拿出 3 亿元入股韩国电影公司 NEW 并促成其在韩国的 IPO。

经过一系列的投资并购整合后，华策影视正式更名为华策集团，转型成为囊括电影、电视剧、综艺节目等全产业链国际化布局的综合传媒集团。

2015 年年底，华策集团推出了“SIP+X”战略，即从“超级 IP、超级制作、超级明星”出发，聚焦全网剧、电影、综艺等领域的头部精品爆款内容，并以爆品内容为核心，打造产业链，切入旅游、电商、教育、体育等产业。公司也因此进入“二次创业”阶段。

目前，在内容上，华策的战略规划非常明晰，坚持头部精品，坚守“811”原则：80% 是在市场范围里具有商业与娱乐价值的作品，比如一些头部的爆款内容；10% 是具有高艺术价值的作品，比如侯孝贤的《刺客聂隐娘》、张艺谋的《归来》、新锐导演毕赣的《地球最后的夜晚》等；还有 10% 就是主旋律的、“传递社会进步的精神文化作品”。

对于头部内容战略，华策有一套“优生优育”的精品剧“质造”方法论。

“优生”就是从研发题材开始严把关，标准是五性：思想性、艺术性、观赏性、政治性、市场性；“优育”靠的是赋能体系，在华策的大数据研发中心、创意中心、评估中心、营销中心、制作管理中心等一整套综合体系里，一共300多人的团队从立项开始层层打分，从几百个项目中挑选，根据观众审美需求，在制作过程中及时调整，精准把控流程。

赵依芳认为：“想要做精品剧，强大的资源整合能力、高度工业化的制作和管控体系、成熟的数字化工业体系，缺一不可。”

根据公司2017年年报，华策实现营业总收入52.45亿元，不论从营收，或者用户流量来看，已稳居行业第一。

打造中国名片

华策是最早上国际“摆摊”的影视公司之一。20世纪末，赵依芳就已经带着她的销售团队前往欧美参加电视节，几个人自己动手贴海报，找客户。

刚开始出去没有经验，不会英文，作品是中文的，连海报也只有中文的。“那时候，中国的文化产业还是蛮落后的。海外的市场也完全不把中国的作品当回事。”

不过赵依芳也没发怵。“一开始就是想卖出去，卖点钱回来。我属于那种不会失去自信的人，对于不懂的东西我会坦诚求教。我们是农村出来的，农民的小孩有很纯朴、很坚定的性格。”

华策的第一个客户是TVB（香港无线电视台）。他们第一次去英国，在唐人街的TVB办公室里，见识了TVB的工作方式。“他们的合约很规范，定好的价格说一不二，非常有契约精神。”国际传媒公司的领先风范对赵依芳和华策产生了不小的影响，“我们从机关出来的，中午要睡觉，打电话官腔十足，没有热情……确实学习到了他们做影视、做文化的商业规则和理念，还有对海外市场拓展的整体企业策略、企业思路。”

2006年，华策全面开启国际化，先后在中国港台地区、韩国、美国成立分部。三年后，华策投资5000万元出品的《中国往事》获得首尔国际电视节的“最高电视剧大奖”，刷新了国产电视剧的履历表，也开了国产电视剧影级制作先河。

2017年4月，在戛纳电视节MIPTV晚宴上，赵依芳获得了戛纳“荣誉勋章”。这一勋章旨在表彰全球电视产业中最突出的行业领袖，自2013年设立以来，共向24位全球电视人授勋，赵依芳是第一位获此殊荣的中国传媒人。

当晚，她也是台上唯一的女性。身着一袭珍珠白裙、左侧胸口上绣着一颗醒目红心的赵依芳在获奖致辞中说：“我衷心希望，能够与全世界的同行共同努力，融合凝聚更大的力量，推动中国影视产业国际化发展，和全球同行共赢合作，共同创造行业新的发展动能。”

作为中国第一个奔赴戛纳电视节参展的民营影视公司，华策见证并代表着异军突起的华流势力。每年戛纳电视节，赵依芳都异常忙碌。她会亲自坐镇展台，亲自卖货，积极和国际同行交流。

目前，华策已成功将1万多小时的影视剧行销至全球180多个国家和地区，在影视出海领域的市场占有率达到近20%。数据显示，在华策出海的剧目中，以《亲爱的翻译官》《谈判官》《微微一笑很倾城》《致我们单纯的小美好》为代表的现代题材剧集占比已超过42%，大大突破了历来以古装剧与历史剧为主的行业现状。

其中，《致我们单纯的小美好》登陆Netflix[1]，在全球190多个国家和地区播出；《三生三世十里桃花》直接发行到全球14个国家和地区；《传奇大亨》成为首部获邀戛纳电视节官方展映的华语电视剧；《天盛长歌》更是被Netflix的“Netflix原创系列”预购全部70集，向1.3亿多用户提供播出。

不过，在赵依芳看来，还是不够。比如，在戛纳展台的分布上，

1 Netflix是一家美国公司，在美国、加拿大提供互联网随选流媒体播放，定制DVD、蓝光光碟在线出租业务。

赵依芳在 2017 年浙江省政协会议上发言

美国、英国影视公司的展台都在沙滩上，而中国影视公司的展台，则总是在地下一层，“很明显，在他们眼里，你的产业起步是晚的。”

对于这个奖，赵依芳起初不以为意。抵达戛纳前，团队告诉她可能有一个奖，但她也不知道是什么奖。和戛纳电视节组委会主席保罗·齐尔克（Paul Zilk）见面后，主席告诉她：“我们看重的不仅仅是你今天的成就，更是未来的成就。”她突然感受到了被认可的意义，“接下来任务更重了，世界已经认可我们，所以接下来，要琢磨怎么把国际出口做得更好”。

赵依芳总结，影视剧出海最重要的是内容和渠道，“内容一定要国际化，对于世界观众来说，可看性和体验感需要做出来”；而在渠道上，中国的影视剧公司要联合起来，“抱团出海，提升品牌和议价能力”。

言必行，行必果。2017 年 12 月底，华策影视联合华谊兄弟、新文化、爱奇艺等数十家行业领先企业，共同成立中国电视剧（网络剧）出口联盟，试图建立华语影视剧的出海平台，集中包装、输出国产影视剧，并运用互联网的力量，规模化推广华语影视作品。

和年轻人在一起

木兰学院在北大开学时，赵依芳带了十几张胡一天的签名照到教室里。课间，见着同学们就问要吗，大家一个个愕然："这是谁？"

"你们太落后了，连现在最红的小鲜肉也不知道。"赵依芳笑着说。

胡一天是来自华策的新晋小生，他凭借一部热播网剧《致我们单纯的小美好》大火，成为最当红的流量小生之一，被追星少女围堵在机场几乎走不动道。

2017 年，华策全面切入艺人经纪业务，通过"以剧带星"等模式加快艺人成长，并新设立经纪管理中心，负责统筹公司艺人经纪并协调各业务板块资源。华策旗下的艺人多是胡一天这样的新生代，生于 90 年代以后，外形出众且充满朝气。对于他们来说，赵依芳像"小妈"一样，有任何困难或者疑惑，他们会直接微信找她，和她聊天。赵依芳和年轻人之间的交流没有什么障碍，不过有时候可能"太唠叨"。

她自己也喜欢看《致我们单纯的小美好》这类剧目，"谈谈情、说说爱、小励志"，总之，"年轻人的东西我很喜欢。"

今年春节，赵依芳带着管理层去美国和法国找行业巨头学习交流；华策开年的第一次大集训，请了三大视频网站和微博的团队做培训；当下最热的区块链，她也找人专门分析研究，这些都是为了让华策抓住时代和年轻人。

她记得 2000 年时，互联网的大潮刚起，有人叫她把电视剧放上网。她叫公司的年轻人去研究，"那时就觉得真正变化的世界来了，未来变成什么样都不知道呢"。

赵依芳是 2017 年在戛纳电视节上获得荣誉勋章的唯一女性

未来一直在等待她，她亦坦然拥抱各种各样的未来。华策不仅布局互联网产业，在内容上也转变理念，强调互联网化。

华策曾经以 1.8 亿元投资如日中天的青年作家郭敬明，并入局他的《小时代》系列电影，完美打入年轻粉丝群体。许多人不解，因为郭敬明身上充满着争议，一方面他有一批死忠粉丝，另一方面，他的生活方式、他的文字和电影也一直被广泛地质疑。

但赵依芳看得明白，甚至和郭敬明是“忘年交”。“不要去恨你不理解的事。对于每一个分众群体的狂热和激情，我们不一定都理解。但他掌握着一个庞大群体的语言和情绪代码，别人恐怕就没有。我经常说要尊重市场，尊重观众，现在时代变了，市场和观众就是‘粉丝’二字。”

对于赵依芳来说，影视行业就是年轻人的行业。“一定不要去找主流业务，年轻人、核心观众覆盖的业务，就是主流业务。”

不只是观众，还有年轻的人才。赵依芳认为，人才短缺严重制约文化创意产业的发展，培养人才是更加重要和紧迫的任务，“这样中国的影视产业才能够站在时代前沿”。

去年，华策推出事业合伙人“星辰计划”，以每三年为一个周期进行股权激励，确立了“年轻化、精英化、专业化”的人才布局策略。此外，华策在公司内部设有华策克顿大学，并陆续与美国艺术中心设计学院签约设立奖学金，支持中国新生代电影人才学习深造；与中国美术学院共建“影视创新实验室”；以及参与建立浙江传媒学院华策电影学院等，全面布局专业人才培养。

赵依芳感到自己依然年轻，并富有热情。她喜欢穿深色的连衣裙，搭配酒红色的齐耳卷发、红色的镜框与艳丽的丝巾。她可以在高速奔驰的轿车内手也不抖地迅速完成一套精致的妆容，这是 30 年的行业经验留下来的痕迹。

她右手的手腕上常戴着一只民族式样的金手镯，意义特别，来自于她的母亲。“我妈妈是一名农村寡妇，一手把五个小孩带大，一定要我们读书，要我们做善良、勤劳、知恩图报的人。她现在已经 90 多岁了。80 岁的时候，她打了金手镯给我们，说，戴着它要记得，对社会做贡献。我自己现在也是母亲和外婆了，但还是一直记着母亲的教诲。这也是我们的文化传承：当你有能力的时候，要为社会创造价值。”

她不需要休息，没有节假日，每天奔波在路上，这种状态已经持续了 10 多年。同事们说她是“无工作不欢”“每时每刻脑子里都是在工作”“随时都能收到她的邮件和微信”。聊天间隙，她在手机上看到一篇讲述历史的文章，立马记了下来。

前两年，在一次和木兰汇的女企业家们聚会中，她宣布，“再做三年我就要退休。”东方园林董事长何巧女不信：“不行！依芳姐你还这么年轻，怎么能说退休？这是正当壮年的时候，大有可为。”

轮番劝说下，赵依芳放弃了退休的念头。

“我现在想再干 10 年。”她说。

汪静波 / 让财富乘上方舟

文 | 郭立琦

汪静波　诺亚财富创始人、董事局主席、木兰汇常务理事

木兰小传

在诺亚财富2018年第二次员工大会上，汪静波一上台先兴致勃勃给大家讲了段笑话，场下没反应，她顿了一下问："你们怎么都不笑呢？"倒是这句惹得全场大笑起来。她接着说："我刚休假回来，今年这种经济形势下还能休假，说明我们诺亚的情况还不错。"

诺亚财富2018年的确还不错。公司发布的半年财报显示，2018年上半年实现净收入16.29亿元人民币，同比增长14.6%；归属股东的非GAAP（通用会计准则）净利润5.09亿元人民币，同比增长9.7%。其中，资产管理板块的规模达到1615亿元人民币，同比增长16.45%。

汪静波毕业于四川大学金融专业，毕业后一直跟"钱"打交道。一开始是在企业做财务，很快升为财务总监，而后进入湘财证券，从资产管理部到湘财荷银基金，后创立私人银行部。因为2005年资本市场下跌，该部门被裁撤，汪静波和同事一起创业，创立了诺亚财富，希望把自己喜欢的事情继续做下去。

之后，就像所有励志剧那样，诺亚财富快速发展起来，组建5年便成为中国第一个纽交所挂牌上市的独立财富管理机构。到如今，诺亚财富已成长为国内首屈一指的财富管理机构。

创业艰辛，你是如何长期保持活力的？

汪静波：创业以来，当然遇到过各种困难和问题，但我一直感觉很幸运，做自己喜欢的事，和自己信任的团队一起。关于工作和生活平衡的问题，总体来说还好，保持一定的节奏。把有限的时间投入到无限的价值创造中，对我来说是很有意义的。

创业是一个漫长的过程，你是如何理解成长的？

汪静波：中国不缺明星企业，但缺寿星企业，我希望我们能守住初心，陪伴客户三代。诺亚成立 13 年来，经历了 4 次经济周期，始终把“敬畏市场、顺应市场、控制风险、合规经营”作为立身之本。

汪静波出生在一个音乐世家，可她却说自己没有艺术细胞，或许是因为上帝早已为她选好了其他道路，只是要到很多年后她才意识到，曾经心心念念的那些旋律，其实是换了一个符号来谱写她人生的主题曲。

汪静波非常热爱这支“曲子”，以至于她说，如果可以回到过去，她最怕自己“因为各种各样的原因而没有选择金融这个行业”。

因祸得机

2005 年，汪静波前脚休完产假后脚就接到了部门被裁撤的通知，其所在公司由于资本市场发生风险，需要裁员和减负，而汪静波创立的私人银行部就在其中。

其实，以汪静波当时的资历和积累，完全可以在公司转岗，但她却从来没有这么想过。“我想是个性使然，我喜欢这件事，同时也觉得自己有一份责任。”

于是，汪静波开始了自己的创业旅程。匆忙在上海租了一间便宜的办公室，开始了诺亚财富创业故事。当时情况是，十几个人的团队，4个联合创始人中的汪静波刚生完小孩，另外3个一个小孩3岁，一个正怀着孕，一个老婆快要临产了，都肩负着创业和家庭的双重压力。

一如许多的初创公司，创业之初的诺亚也比较辛苦。为了获得客户，汪静波和她的伙伴们像如今地产中介的年轻人那样，在小区门口摆摊、发宣传资料。

所幸业务量慢慢开始有了起色。诺亚是幸运的，汪静波是幸运的。无论是有意还是无意，诺亚一问世，就站在了财富管理行业的风口上。从当时的市场环境看，国内高净值个人财富管理的市场需求开始进入第一个爆发期，中国有一批中小企业主已经积累了一批财富，投资、理财、保值增值等需要正在酝酿，但没有得到很好的服务。特别是在2005年诺亚财富单干之时，国内银行更关注机构业务，还没有关注到个人财富管理业务。这一契机弥足珍贵，诺亚财富作为这个行业的先行者，成功地卡住了市场的位置。

现在回看，诺亚财富无疑踩中了一波市场红利期。汪静波选择从个人客户开始描绘心中自己的那幅图，“给个人客户提供机构一样的服务”，这也是诺亚创立至今的坚持与初心。一开始的业务，就是金融产品的寻找、筛选、销售，谈不上更多的创新，但由于专注服务国内高净值客户的财富管理机构十分稀缺，诺亚财富几乎在无人之境中发展。

对很多创业企业来说，这种无人之境最大的挑战，恰恰在于缺乏竞争对手这面镜子而容易失去对自身的认知，进而无法管理自己的增长。

所幸，诺亚财富从未出现过野蛮成长，这种稳健的风格与其说得益于汪静波的行业前瞻性，不如说是得益于她的价值理念。金融是一门关于未来的产业，不确定性是永恒的，也因此凸显了信用的重要性。“做这行，如果失去信用就像在身上留下一个永恒的烙印。”汪静波之前的

领导和现在的事业伙伴章嘉玉很多年前说过的这句话，她至今铭记在心。

这种价值观外化的行事风格，让“靠谱”成为汪静波一直以来的一个标签。诺亚财富早期的很多客户仅仅是出于相信她这个人而选择了这家公司，其中一个做纺织业的老板，因为在之前的接触过程中对汪静波的能力和人品有很好的印象，所以在诺亚财富放心地一次性买了 100 万人民币的产品，这在 21 世纪初那几年可算是份巨大的信任。接下来，那些得到收益的顾客进一步巩固了这种信任，让诺亚财富在小范围内形成口碑，渐渐地客户越来越多。

是金子就一定会发光。2007 年，红杉资本的沈南鹏遇到了汪静波，嗅觉敏锐的他很快决定投资诺亚财富，成为其战略股东。对沈南鹏来说，这是一笔非常成功的投资。红杉以较为便宜的价格进入诺亚，占据了国内财富管理行业的赛道，回报喜人。当然，红杉和沈南鹏的进入，也为诺亚做了很好的背书。2008 年 6 月，红杉中国一期人民币基金委托诺亚财富作为其独家募资顾问，募集规模达 10 亿元。其时正值一场国际金融危机四处蔓延。虽然过程并不轻松，但诺亚完成了募资任务，这对诺亚的成长不无裨益。

“我最早的想法，只是让大家有继续工作的机会，做个‘小而美’的公司。想着 5 年后公司能做到 10 个亿，客户 100 个就很好了。”汪静波说。她也是用这样的目标激励大家。即便是这样的目标，她自己和伙伴们还是觉得“不太可能”。但是随着红杉资本和沈南鹏的进入，一股推动力很快形成。诺亚财富开始同国内一线 PE（私募基金）建立合作扩展募资渠道，也逐渐拥有了国际视野。

从“财富管理”到“资产管理”

2010 年 11 月 10 日，就是公司成立的第五年，诺亚财富在美国纽交所上市，成为中国第一家在美上市的独立财富管理公司。“1110”这个日期的寓意是：一群人（1）在同一个团队（1）为了同一个目标（1）

从零开始（0）。从此，诺亚财富获得了更多的品牌认知度，以及高速的发展。

在《圣经·旧约全书》中有记载，上帝对诺亚说："你要用歌斐木造一只方舟，分一间一间地造，里外抹上松香。"因了这质地卓越的歌斐木，诺亚方舟才能在千年一遇的洪水中救助众生。帮助客户挑选好的金融产品，是诺亚一直坚持在做的事，但如果只是做第三方的财富管理，诺亚将面临着模式的考验。所谓财富管理，简单说就是从庞杂的金融产品中挑选出质优的供客户选择，并在整个过程中提供咨询，可以说是金融市场的"GPS"。"随着金融产品的品类和标的越来越多，个人很难快速获得准确的市场信息，做财富管理就是消除这种信息不对称，让客户用更少的时间做出更好的决策，得到更多的有效财富。"汪静波表示。

而资产管理则是做投资，属于上游业务，考验的是对资产的定价能力、风险把控能力以及对未来资产收益的判断力。收益大的同时风险也高，是检验相关机构硬实力的试金石。

早在诺亚财富成立之初，汪静波和联合创始人殷哲就在开展资产管理业务上达成了共识，不过鉴于当时事业刚起步，加之随后爆发全球金融危机，就先暂缓了这部分业务。

到了 2010 年，汪静波以及董事会认为时机已经成熟，于是在该年 3 月成立了新的资产管理公司——歌斐资产，属于诺亚财富集团的全资子公司。

同"诺亚"一样，"歌斐"这个同样源自《圣经》的名字，寓意着歌斐资产的使命和价值观。通过母基金（FOF）进行投资，以最大程度降低投资门槛及风险。歌斐资产现已完成了在私募股权母基金投资、房地产及房地产基金投资、公开市场投资、全权委托业务四大领域的布局。

歌斐资产的成立，也意味着诺亚开始向全面金融服务提供商的方向进行转型，尽管当时尚未清晰提出这一口号。事实上，诺亚财富逐渐从一个单独的财富管理机构，或是偏向产品销售这样的一个渠道，开始有

诺亚财富是中国第一个纽交所挂牌上市的独立财富管理机构

了自己的“干货”：歌斐业务加强了诺亚的盈利能力和产品的持续性、主动性。

歌斐资产成立于中国的金融服务正在逐渐走向成熟的过程中，客户有了很多市场化选择，但一些客户需求还不能得到充分满足。随后歌斐资产的发展也没让人失望。面对雨后春笋般涌现的私募基金管理人，歌斐资产建立了一套定量与定性相结合的基金管理人筛选体系，所投资的 70 多家基金管理人均是在清科集团、投中集团历年综合及单项榜单排名靠前的头部一般合伙人（General Partner）。

目前，歌斐资产的私募股权母基金板块业务规模达到 66 亿元人民币，参与投资了 40 多个子基金，是中国规模最大的市场化私募股权投资母基金。可以说，经过 8 年多的发展，歌斐资产已是具有资产管理能力的金融服务平台。汪静波表示，歌斐资产一直在推进与一线头部基金的合作，将来也会做到少而精，坚持募集跨周期产品。

不论是财富管理还是资产管理，诺亚财富早期一直做得顺风顺水。用汪静波的话说，“创业很幸福。就像稻盛和夫所说，只要你充满热情，敢于创新，付出的比别人多，永不放弃，你就可以成功”。但到 2012 年左右，随着业务的继续增长，诺亚财富遇到了很多创业公司在成长路上都会遇到的一个问题：如何管理自己的增长？为此，他们找来麦肯锡做咨询，在接触过程中，麦肯锡全球合伙人林国沣非常认可汪静波“不鼓励纯粹投行思维”的理念，在 2013 年选择加入诺亚财富，成为诺亚的总裁，接着就有了今天，包括黑石、凯雷在内的全球优质的前 10 大私募基金，有 8 个已成为诺亚财富的合作伙伴。

然而福祸相依，是事物发展的一般规律，诺亚财富也不例外。

至暗时刻

2017 年 3 月，上海市第二中级人民法院对万家共赢专项计划融资方涉嫌合同诈骗案做出宣判，其中主犯被判处无期徒刑，剥夺政治权利终身。

时间拉回到 2014 年，这起涉及 10 亿元人民币的合同诈骗案一度在公募基金、甚至整个资本市场掀起轩然大波，该案也被认为是国内第一起基金产品犯罪裁判记录，而诺亚财富就是其中的受骗方。

整个案件类似庞氏骗局，用新产品募集到的资金来填补前期项目的窟窿。一系列欺诈连环套，让诺亚财富深陷其中，事后虽追回大部分金额，但损失仍然巨大，股价也随之大跌。

案件发生时，诺亚财富刚走过自己的 10 周年。汪静波说，前 10 年自己是在享受这份事业，“可能是我比较幸运，从事金融行业，不论遇到的领导、同事还是伙伴让我看到的都是阳光的一面，但这个案子，让我第一次感受到欺诈的风险”。至暗时刻考验的是人性，汪静波和她的团队决定报警，即便这可能让 10 年创业毁于一旦，也要让一切暴露在阳光下。这是一个异常复杂而痛苦的过程，但这也确实是一个非常丰富的人生体验，让汪静波学到了很多。风波平静后，她甚至开始感恩这段遭遇。“这件事教会我很多，包括对人性复杂性、世界多面性的认知，从此之后，防欺诈成为我们风控的一个重要方面。”汪静波说。

无论如何，诺亚财富还是幸运的。这个巨大的危机，在一年之后基本得到了妥善处理。这个过程中，诺亚财富表现出的对客户利益负责任的态度，也为公司加分不少。一个在美国的客户后来专门致电，称事件发生后他一直观察诺亚财富的表现。他表示，诺亚财富没有让他失望。

也因为有了这次“斗争”经验，到 2016 年其他项目危机出现时，汪静波已经能从容面对了。

拒绝刚兑

2016 年 11 月，国内某主流媒体发布了一篇名为《悦榕基金六年“烂尾”，投资人追查诺亚财富》的文章称，该项目 IPO 失败，截至 2015 年年底，基金的净资产亏损近 30%……一时间作为销售方的诺亚财富成

诺亚财富香港分公司成立

为众矢之的，投资者纷纷找来要求兑付并联系媒体报道此事，品牌部负责媒体公关的人急得焦头烂额。汪静波安慰她：“我们没有做违背原则的事情，你就当是压力测试。”随后，汪静波接受了刊发争议报道的媒体专访，详细阐述了实际情况。

悦榕基金作为国内首支人民币私募股权基金，诺亚财富是其销售方。该产品的封闭期为 6 年，报道刊登出来时 6 年时间并未到期，所谓“净资产亏损近 30%”的描述不符合实情。恰恰相反，投资者最终是以 1.36 倍的实际净值退出。最核心的一点是，当项目收益出现浮亏时，投资者要求的刚性兑付是诺亚财富一开始就明确表示拒绝的。

刚性兑付算是一项行业常见的潜规则，通俗讲就是金融产品到期后，保证投资者获得本金和收益，本质上是销售方为吸引投资者购买金融产品而违背金融规律的促销方式，到最后不但无法保证投资者的收益还会引发行业动荡。

中国这几年一直在倡导打破刚性兑付，但难就难在人心。“市场有风险，投资需谨慎”这句话每个人都耳熟能详，可真要投资了，“每个人都会问你，是不是能保本？如果不承诺刚性兑付，有些人会不接受，觉得不刚性兑付投资就没有安全感”。

同样，诺亚财富参与投资的辉山、乐视等公司的相关产品在 2017 年相继爆出风险。从市场角度看，遇到黑天鹅事件其实无法避免，最好的方式就是进行市场化处理。出现问题后第一时间，诺亚财富就向香港法院申请冻结辉山乳业香港资产，并跟辉山方面沟通，积极协调资源邀请产业投资者进行重组，但拒绝刚性兑付。“当时，媒体和客户给我们很大压力，有的客户觉得我们不刚兑就是不负责任。”然而随后，情况发生逆转。

2018 年 4 月，中国央行等五部门联合发布《关于规范金融机构资产管理业务的指导意见》，其中明确指出，资产管理业务是金融机构的表外业务[1]，金融机构开展资产管理业务时不得承诺保本保收益。出现兑付困难时，金融机构不得以任何形式垫资兑付。汪静波和诺亚财富多年来的坚守终于有了官方的“正名”。

攻守之间

2018 年前三个季度，中国整体经济形势走向复杂，下行压力大。一方面新的大资管时代到来，金融监管日趋严格；另一方面，中美贸易争端不断升级，整个资本市场信心不足。在 8 月底召开的诺亚财富

1 表外业务是指商业银行从事的不列入资产负债表、但能影响银行当期损益的经营活动。

2018第二季度价值观日上，汪静波表示，如果前景看不清，宁可放缓行动。对内要守——构筑护城河；对外要进——加强投资者教育。

曾经有竞争对手问过汪静波，作为一个财富管理机构，诺亚财富是如何做到没有资金池的？汪静波却认为这是理所应当的事，或许因为之前目睹行业风险的印象太深，她一早便给自己划出底线，诺亚财富不刚性兑付、不做资金池、不限期错配、不做飞单。

“别人都是 T+0，为什么你们偏偏是 T+10？”“别人可以承诺刚兑，为什么你们不能？”类似的质疑诺亚财富员工们耳熟能详。汪静波有句调侃的话："什么客户体验都不如 T+0、保证收益 8% 好。"当天赎回 + 高收益，几乎可以打动所有投资者，但有金融常识的人都知道这不可能。诺亚财富始终坚守住自己的底线，这些坚持也就成了诺亚财富的"护城河"。

我国财富管理还处在发展的早期阶段，绝大多数人是在近些年才启蒙了理财意识，投资者对金融产品理解深度不够实属正常，但对于投资管理方而言，则意味着要做更多的投资者教育工作，同时还要面对鱼龙混杂的竞争。汪静波相信，在金融的世界里，大善似无情，小善乃大恶。有些从业者，用小恩小惠诱惑客户，最终酿成大的损失。

2015 年前后，大量资金都涌向互联网金融，诺亚财富的产品团队把市场上的互联网金融产品看了个遍，结果一个也没敢投。汪静波坦言，当时也有很大的诱惑，因为竞争和客户流失，也担心被互联网金融颠覆，但是最终，常识战胜了诱惑。

2018 年年中，P2P[1] 市场爆雷不断，仅 6 ~ 7 月的一个多月时间，就有 108 家 P2P 公司爆雷，涉及金额 7 万亿元人民币。诺亚财富成功避开雷区。

当下，诺亚财富正在进一步强化自己新的护城河——人才、专业以及竞争力。目前，诺亚财富的高素质理财师有近 1500 人，占到全体员工的 1/3，有一支高水平的风控团队负责产品质量的把控。此外，诺亚财富还有一支业内羡慕的高水准产品研发团队，也逐步成为诺亚财富的核心竞争力。

除此之外，诺亚财富还有意对其客户进行更深入的"挖掘"。比如，其成立的以诺教育，目前是汪静波的丈夫谭文清亲自掌舵。这个平台，未来主要有三块业务，一是针对高净值客户的高端游学；二是务实接地气的投资者教育课程；三是针对创业与管理者的管理提升与心灵课程。

特别是持续的投资者沟通和教育，被汪静波称为"困难但正确的事

1 点对点网络借款，是一种将小额资金聚集起来借贷给有资金需求人群的一种民间小额借贷模式。

情”。金融行业离钱很近，而金钱又最能引发人的贪欲。汪静波认为诺亚财富不是金融产品超市，是精品店，尽最大可能帮客户把财富保值增值。成立 13 年来，诺亚财富每年举办近 3000 场线下的投资教育活动，线上线下覆盖客户 50 万人。

打造“百年老店”

汪静波在员工大会上说，不要以为是上市公司就能基业长青，只有不到 5% 的公司可以存活超过 30 年，活得长比活得辉煌更加重要。

诺亚财富是草根创业，汪静波认为，没有背景反而是一种优势和竞争力。“这样就可以一门心思关注用户，把服务做到极致。”

2010 年歌斐资产创立，诺亚财富开始财富管理和资产管理双腿并行，随后成功上市更是保持其快速发展。到 2018 年，诺亚财富累计为 22 万高净值客户进行财富管理，资产管理规模也达到 1615 亿元人民币，其中歌斐私募股权基金的管理规模增至 939 亿人民币，在 2018 年中国私募及风投领域可谓成绩斐然。

但汪静波又用诚实打破了圆满。“未来，财富管理行业对综合服务的要求越来越高，跑马圈地式的市场开拓走到尽头已成事实。而诺亚财富虽然深度贴近客户，但过去核心上还是产品导向型，对客户的综合服务能力还有很大的提升空间。”

汪静波表示，诺亚财富在财富管理端必须从产品驱动转向综合服务。这意味着不以理财师个人引导为中心，而是组织系统能力为核心，为客户提供最优组合配置。而歌斐资产，需要从融资能力转为投资能力为核心。投资能力的提升，意味在市场洞察、产品创新力以及风险规避力上具备实力，从而可以手握利刃、身穿盔甲。

万流归心

对外行来说，金融是一个专业又神秘的领域，它有时候可能像变魔术一样让人富有或破产。从事金融的人则往往被贴上理性甚至贪婪的标签，是一群唯数字马首是瞻的人。但汪静波从事金融 20 多年，她认为金融归根到底只是一种工具，服务于实体经济，使商业社会能得以有效运转。创业对她来说，是一场享受热爱之事的旅程，而非一场鲜血淋漓的战役。回顾过往，汪静波口中的创业历程无法成为一部奋勇抗争的励志小说，只有波澜不惊的岁月静好。

在财富管理行业内，很多人都认为，汪静波对产品很有感觉。在汪静波的身上除了一般的企业家精神之外，还有三个方面的特征尤为突出：一是她对学习的孜孜不倦与对创新的高度追求；二是对自己做的金融产品和服务有与生俱来的感觉和天赋，更有发自内心的喜欢；三是她对心灵层面极其关注，将心灵成长、心智成熟纳入了诺亚的企业文化中，投入大量资源和人力让员工、客户与合作伙伴关注心灵健康、心灵公益，影响了很多人。

可以做喜爱的事，然后还做出了一些成绩，这对汪静波来说，已经足够感恩。至于之前遇到以及未来将会遇到的所有问题，在她看来都是礼物。汪静波说：“任何困难，都坦然接受它，让它完完全全穿过你的身体，通过它让自己成长。”她总能看到阳光的一面，哪怕是被她称为至暗时刻的 2014 年，回忆时印象最深的片段也是当时全力破案的几位警察带给自己的感动。

汪静波有两个同岁的孩子，一个是自己的儿子，另一个便是诺亚财富。对儿子她有个要求，就是一定要有幽默感。她说，希望儿子能从幽默中学会自嘲。自嘲意味接受自己，好的、坏的都不回避。人世间人人都不完美，但每个人都有可以发光的领域。而对诺亚财富，她希望可以跟员工彼此成就，可以陪伴客户一起成长。

这几年，身边的同事都说汪静波更淡定了，心态越活越年轻，知道公司里的年轻人最近都在追什么电视剧，她有空时也会找来看看。所谓“倒吃甘蔗渐入佳境”，她说，自己已经活成最初想要的样子，“甚至是更好”。

王潮歌 / 疯狂的艺术

文 | 郜晓文

王潮歌　导演、自如文化董事长、木兰汇常务理事

木兰小传

标志性的白衬衣、黑色牛仔裤、披肩卷发，说起话来像“开炮”，斩钉截铁、痛快淋漓，“爷气”十足——她的名字叫王潮歌，一个典型的北京大妞。她在公开场合怼“佛系”，声称要做“疯系”。她在艺术上堪称“疯狂”：30年的导演生涯中，执导过数十部舞台剧，是第29届奥运会开闭幕式核心创意小组成员；她参与导演的《印象刘三姐》开创了中国实景演出的先河；她总是在突破边界、超越自我，继“印象”系列之后，又推出“又见”系列、“只有”系列，引领中国实景演出产业不断创新。

王潮歌生于北京，毕业于中国传媒大学电视导演专业，被誉为中国最具创新精神的导演。在艺术上特立独行、追求极致，在商业上也取得了空前的成功，实景演出带动了文化旅游产业，成为资本追捧的“香饽饽”。她的“野心”显然不只是呈现一个华丽壮观的艺术场面，她想重新建立中国文化艺术的价值和尊严。在她看来，中国的艺术家赶上了一个好时代，中国的文化产业正在蓄势待发、风起云涌……

创业艰辛，你是如何长期保持活力的？

王潮歌：天知道我的创造力什么时候会枯竭，我的艺术生命什么时候会结束。人的自然生命和艺术生命比起来，艺术生命会非常短，有些艺术家可能在二三十岁时艺术生命就结束了。另外，决定我艺术生涯、决定我的工作的是观众，什么时候观众不爱看我的戏了，觉得我的作品不好了，我就结束了。所以，我只能真心祈祷、真心乞求上天，能够让我一直工作下去，但我没有办法决定，更没有办法预计。

创业是一个漫长的过程，你是如何理解成长的？

王潮歌：我是一个饶不了自己的人，这是与生俱来的，作为艺术家我不会放弃这种状态。我是这个时代的艺术家，我的使命感致使我可以不吃不喝不睡，也要把才华奉献给我的祖国和土地，我要让我的孩子、孩子的孩子以是中国人为荣耀。大象无形、大音希声，中国人的美学精神是非常高级的。我做这样的事情感到无比幸福，我乐此不疲。

“我是一个非常幸运的人。我的幸运就在于，在非常小的时候，我就知道我喜欢什么，厌恶什么。”王潮歌说。学生时代的王潮歌是一个典型的文学青年，数学、物理等科目考试成绩一塌糊涂，唯一的特长是语文，尤其是作文写得好。王潮歌坦言：“除了语文，啥都不好。每学期的目标就是少一门不及格。”这大概得益于从事文化工作的父母的影响，从小就热爱文学，阅读了大量的文学名著，喜欢写诗、散文。

早在 14 岁那年，王潮歌就在《人民文学》上发表了自己的诗歌，以后平均一两个月在报刊上发表一篇文字。幸运的是，父母从来不看她的短处，只看她的长处。看到自己写的东西印成铅字，作为一个中学生，王潮歌获得了非常大的鼓舞。“文学带给我荣誉，足以消解我在物理、数学上的缺陷，所以我现在并不扭曲，因为我有一个长板。”

1984年，王潮歌高考本来想考中戏的戏文系，成为一个剧作家，但因中戏当年不招生，她考上了北京广播学院的电视导演系。大学期间，最值得骄傲的一件事，是她改编的剧本《暑假里的故事》被剧作课老师、系副主任高鑫“盯上”。高鑫告诉她，这个剧本很好，无论如何也要拍成电视剧。王潮歌只有一句话：“怎么才能拍成电视剧？”高鑫告诉她：“先找到钱才能拍。”王潮歌问：“怎么才能找到钱？”高鑫说：“你写的是一个独生子女教育问题，现在只有国家计生委在宣传这方面的东西，不妨找他们试试。”

这是王潮歌第一次意识到，如果想成为一个艺术家，就必须先找到可以生根发芽的土壤。最后，还真有某地的计生委给她投资，拍成了一个上下集的电视剧，并且在中央电视台和日本NHK电视台播出。大学毕业后，王潮歌进入中国艺术研究院工作，当时有不少电视台向她伸出橄榄枝，但王潮歌不喜欢被束缚，她想做自己真正喜欢做的事情，她的心在舞台上。

1995年，王潮歌导演的舞台剧《华夏民族魂》在人民大会堂上演，她的导演天赋再一次得到了证明。这部剧为中国国际服装服饰博览会创作，舞台上华夏服饰艺术女神翩然而至，丝绸之路的流韵，敦煌飞天的飘逸，锦绢玉帛，天衣广袖，华丽、震撼的艺术魅力使人心驰神往，演出获得了巨大成功，奠定了她在舞台创作领域的地位。此后，王潮歌陆续创作了《共创明天》《走向新世纪》《天年之梦》《以和平的名义》《为你而生》《乘愿再来》《春天印象》《在灿烂阳光下》等作品。

这期间，王潮歌赢得了许多鲜花和掌声。

2006年，王潮歌与张艺谋、樊跃共同成功执导原创歌剧《秦始皇》，成为美国纽约大都会歌剧院建院150年以来首次邀请华人导演执导的剧目。2008年，王潮歌是第29届奥运会开闭幕式6人核心创意小组成员之一。2009年，王潮歌作词、喜多郎作曲的《印象西湖雨》获格莱美

音乐奖提名。2010年，王潮歌受邀担任上海世博会民企馆总导演，创作出“活力矩阵·高潮秀”。同年，王潮歌与合作者樊跃以作品《风墙》受邀参加第12届威尼斯建筑双年展。

开创先河

2002年，注定是王潮歌事业的转折点。这一年，《欢乐漓江》在桂林象鼻山下的河水中演出，这是由王潮歌、樊跃担任导演的亚洲博鳌旅游论坛闭幕式节目。张艺谋坐在台下考察。演出结束后，张艺谋主动邀请王潮歌和樊跃，三人找到一家宾馆，一直聊到凌晨。最后，他们决定一起合作排演实景舞台剧《印象刘三姐》。

中国有句名言——“桂林山水甲天下”。这里山美、水美、歌美。刘三姐是壮族传说中的歌仙，不少戏曲、电影以此为题材。传统的舞台演出，是人的创作，而“山水实景演出”是人与自然共同的杰作。这是一场与传统演出方式完全不同的演出，演员、音乐、舞美、灯光、服装都没有先例可循。《印象刘三姐》开创了中国大型实景演出的先河。

王潮歌回忆，在现场排练时，伴着嘟嘟嘟的马达声，一个渔民开着破旧的渔船误闯进拍摄地点，这船前面有特大的探照灯，顺着水，就这么来到了她的视线里。团队其他人的第一反应是劝其离开，但王潮歌却十分兴奋。“太好了！跟他商量商量，能不能每天晚上给我们开一遍，我们给钱。”如今，这个渔船和这个渔民已经成为演出中一个固定场景。

演员中有很多人是附近村子里的农民和渔民，平时打渔喝酒日子过得很悠闲。《印象刘三姐》的排练需要，令他们摇身一变成了专职演员，每天的任务就是驾着竹排，在漓江上完成很多跟表演有关的规定动作。一开始，她对这些农民演员充满了担心，但就是在这种由农民向演员的转换过程中，王潮歌感受到了他们的朴实和敬业，真诚地对他们心存敬意，认为他们才是最了不起的演员。

“他们手上贴着橡皮膏，下午又接着去排练，直到符合节目要求。

要知道，上百米的红绸在水里拉来扯去，那是多么大的劳动强度啊！”王潮歌动情地说。当这些农民演员把象征丰收的几十条百米红绸，从漓江水里捞出来装进筐里，在夕阳、炊烟、山歌声里抬上岸抬回家时，现场爆发出热烈的掌声。

如何创造出实景演出的形式，其实并非先有目的才去尝试。“用直感工作，而不是逻辑分析。”她这样解释自己的逻辑。这部全球最大的山水实景剧场，包括 1.654 平方公里水域，12 座著名山峰，109 次修改演出方案，600 多名演职人员在这里参加演出。

2004 年 3 月 20 日，《印象刘三姐》公演，一炮而红。世界旅游组织官员看过演出后评价：“这是全世界看不到的演出，从地球上任何地方买张机票来看再飞回去都值得。” 2004 年 11 月，以桂林山水实景演出《印象刘三姐》为核心项目的中国・漓江山水剧场荣获国家首批文化产业示范基地，演出成为世界旅游组织目的地会议、最佳休闲度假推荐项目。

2006 年首演的《印象丽江》以雪山为背景，在海拔 3100 米的玉龙雪山上打造出世界上海拔最高的实景演出剧场，来自纳西族、彝族、普米族、藏族、苗族等 10 个少数民族的铿锵汉子和 16 个村庄的普通农民组成了这支非专业演员的团队，用他们最原生的动作，最质朴的歌声，与天地共舞，与自然同声，被誉为是一场真正意义上的荡涤灵魂的盛宴。

同年，演出的还有《印象西湖》，场地坐落在迷人的西子湖上，演员的表演都在西湖水域上，以自然的山水、景观为天然舞台。浓厚的历史人文和秀丽的自然风光为创作源泉，挖掘杭州的古老民间传说、神话，将西湖人文历史的代表性元素重现，借助高科技手法再造“西湖雨”，从一个侧面反映雨中西湖的自然神韵。实景演出之魅力征服了所有的现场观众。

2011 年 12 月，王潮歌导演的《印象普陀》在浙江舟山普陀全球首演。这是一场集自然风光、佛教文化、艺术视觉效果于一体的大型山水实景

王潮歌在《又见敦煌》排练现场指导演员表演

演出。“用美丽的眼睛看世界，世界就是美丽的”，是这次演出的主题。整场演出借佛教文化中的大爱、善意、美德与自悟为主题元素，表达了所有时代人类社会中的共通情感，通过不同角度的思考与发现，体验生命之美。

渐渐地，“印象”系列形成了自己的风格。题材多取自富有中国地域特色的历史故事。在表演呈现上，保有原本实景的前提下，将需要的灯光、道具、节目串排用最巧妙的方式融入其中，绝不破坏和挪移。演员大部分来自当地的居民，经过简单的培训和指导，保持最大限度的原生态。艺术表达上自然与人文、传统与现代、科技与艺术融为一体，为观众带来视觉与精神上的享受。

《印象刘三姐》《印象丽江》《印象西湖》《印象海南岛》《印象大红袍》《印象普陀》等“印象”系列大型山水实景演出，皆成为当地文化创意产业的成功范本，同时因其多元化的个人艺术风格与前沿创意备受媒体、艺术界及高端商业品牌的青睐。

每次都是新的

王潮歌喜欢超越和挑战自我。继成功打造以“印象”系列实景演出以后，从 2012 年开始，她开始打造“又见”系列的大型情景体验剧。这是一种艺术上的创新，也是题材上的转变：前者突出的是自然之美，后者的文化分量更重。而从“又见”系列开始，王潮歌独立担任编剧和导演，她可以自由地发挥她对于舞台艺术的创作思想。

2013 年 2 月，王潮歌创作和导演的《又见平遥》大型情境体验剧上演。剧场是专门设计建造的，以黄土和瓦作为主要语汇，与两千多年的平遥古城遥相呼应：清末的平遥城，镖局、赵家大院、街市、南门广场，在一个又一个互不关联的场景中，捡拾祖先生活的片段。观众从不同的门进入剧场，在 90 分钟的时间里，步行穿过几个不同形态的主题空间，而表演者更深入观众中间，在观剧人群中往来穿梭，甚至与观众对话，让观众成为戏剧的一部分。

情境体验剧是一个全新的剧种，表演方式显得奇特。人们很少有机会这样去看一个演出，这更像一个博物馆，或者说更像一回穿越。有时像一个看客，有时又像亲历者。让观众亲身体验“穿越”感觉，来到清朝街头，感受清代人们的生活，体验这里的一砖一瓦、一人一物。

《又见平遥》这部剧讲述了一个关于血脉传承、生生不息的故事：清朝末期，平遥城票号东家赵易硕抵尽家产，从沙俄保回分号王掌柜的一条血脉，同兴公镖局的 232 名镖师护送。7 年过后，赵东家本人连同这些镖师全部客死途中，而王家血脉得以延续。此剧将着眼点放在血脉的传承上，整个演出中，祖先的“魂魄”始终游荡在剧场里，拨动着剧场里每一位观众的心弦。

有观众含着眼泪看完整场演出，称这是近 10 年来看过的最好的作品。有的观众在看完演出后，还要再次游览平遥古城，因为他对平遥古城有了新的认识，认为只有先看了《又见平遥》了解平遥精神，才能更进一步了解这座古城的精髓所在。

2015 年 7 月，王潮歌导演的大型民族音乐剧《又见国乐》在北京保利剧院举行全球首演。该剧以“致生命更好乐章”为主题，再次对于代表中国文化精髓的国乐进行了颠覆式创新；将《高山流水》《二泉映月》《梅花三弄》等多首经典曲目重新演绎，令全场观众在现代语境下领略到中国传统文化的宏大意境和时代魅力。

长久以来，民乐界对传统经典一直心怀敬重以待之，王潮歌深知其中轻重利害关系，轻易不会越雷池一步。这次《又见国乐》对于王潮歌而言最大的挑战则是“耳熟能详”四个字：既然是耳熟能详，何必需要再一次地让人耳熟能详？一定要搞新的，融入崭新的思想、情感，变成一种融合舞美、音响、灯光、肢体等多元化的呈现方式。《又见国乐》保留音乐的骨架，并在此基础上，留下作为筋骨的情感、审美逻辑，再融入今人对其情感的放大解读。

“每次都是新的”是王潮歌作品的一大特色。如何定义这个“新”，王潮歌解释：如果台上演奏家流淌出来的乐曲，观众说他们听过，那我们就算输了，创新之处在于让观众感受到那份气和韵，体会到通过乐曲传递的情感。比如，其中的《二泉映月》《春江花月夜》等都没有逃离老曲原本的情感，不过每一个情感都被抽离并放大，这个过程的每一拍、每一个气息处理都必须像绣花一样慢慢来，多多练。

整个《又见国乐》的演出通过全新的场景和故事编排，糅合了电影、戏剧、雕塑等多种艺术形式，依托纱幔投影舞美技术的运用，结合演奏艺术家的台词及肢体语言，让耳熟能详的传统曲目获得了新的生命力。虽然大胆突破了人们传统印象中对国乐的“思维定式”，但整场演出仍不乏饱满的民族音乐特色，于舞台间拉开一幅幅荡气回肠的大美音乐图景。

2016年9月，王潮歌导演的大型室内情景体验剧《又见敦煌》首演，很快成为敦煌的一张文化新名片。在历时近两年的创作过程中，她阅遍了数百本相关著作。如何将那些历史事件提纯，以观众喜闻乐见的形式表现出来，又如何将史诗宏大的叙事、引人入胜的情节、奇特的视觉冲击融合为一体？这是王潮歌创作时思考的问题。

在经历了99次失败只得1次成功的大量实验之后，她最后选择了颠覆性的“穿越式观演”模式，带领观众进行一次“古今穿越”。演出的内容则是以6个线索人物为故事脉络，借5个典型的场景将横跨千年的历史故事重现。

演出过程中，观众就仿佛跌入一个幻境，亦真亦幻，亦古亦今，在90多分钟的时间里，体验了一场精妙绝伦、神秘瑰丽的千年穿越之旅。这里既有金戈铁马壮怀激烈，也有飞天飘旋舞姿曼妙；有文化的璀璨，也有无声的叹息：“汉朝，已深埋在沙下；唐朝，已深埋在沙下……将军、画家，已深埋在沙下；商贾、僧侣，已深埋在沙下……曾经的喧闹，变成了一曲羌笛，曾经的繁华，变成了一抔黄沙。”

2100年前的这一条连接罗马和长安的大道上，有那么多的种族、宗教、人群，在历经如此漫长的岁月，它更应该是史诗。拨开黄沙，王潮歌希望以史诗的笔法，来重现这一段历史。“我们怀着敬畏之心去创作，希望能够匹配敦煌这座千年古城，不辱没它。我们想用手中的笔，点触在一个个历史节点上，点触在一个个历史人物面前，也想点触在每一个观众的心里。”她说。

对于中国传统文化尤其是非物质文化遗产而言，如何能够传承是一件特别重要的事情。王潮歌认为，这样的传承并不是整旧如新的“破坏”，

王潮歌在《又见马六甲》排练现场指导演员表演

而是通过突破、新颖的手段找到最适合的方式，激发当下欣赏者情感与审美的共鸣，唯有如此才能让中国传统文化的精髓跟上时代的步伐，永久流传。

留下点什么

“又见”系列之后，王潮歌开启了艺术创新之旅：“只有”系列——《只有红楼梦》《只有峨眉山》《只有河南》……“只有”系列有一个新的宏图大愿，演出的外延扩大，扩大，再扩大。她不愿意去对标迪士尼或者环球影城，她想用中国人自己的文化，中国人传统的、带有浓度的故事，建立中国的戏剧幻城，它是一个剧场的聚落群。作为一个当代艺术家，王潮歌总要为这个时代留下点什么。

王潮歌的艺术“野心”越来越大，她选择了中国文化中真正的经典。“《红楼梦》是太伟大的作品，我没有能力在上面加上我自己的理解，我自己那点心思只能在心里偷偷地想。”对于这部超越时代的经典，王潮歌甚至认为，在当下谁都没资格碰，想都不能想，想想都有罪。

《红楼梦》是中国文学史上一部不可超越的艺术高峰，它凝聚了作家曹雪芹毕生心血，是公认的经典，不少红学家和红楼迷毕生钻研此书。然而王潮歌终究还是做了“想想都有罪”的事。6月22日，在河北廊坊市“梦廊坊”文化产业园区一片空旷的工地上，一座以《红楼梦》为创作源泉的《只有红楼梦》戏剧幻城破土动工。5个大剧场及若干园林小剧场，以及“丝绸之路国际文化交流中心”的5个大剧院，共同构成的中国最大的戏剧演出群落。项目投资方是新奥集团创始人王玉锁，王潮歌担任总构想师、总编剧和总导演。

当时正值迪士尼在上海开业，业绩辉煌，一个个西式主题公园也在国内拔地而起，放眼望去，遍地都是美国小镇、法国小镇、荷兰小镇、西班牙小镇……“作为这个时代的艺术家，我如何面对我的父辈？我又如何面对我的子孙？我是否应该把自己豁出去？名誉、面子、个人得失抛诸脑后，勇敢向前踏一步！”王潮歌的语气里有点激动。

失败了，不过是我又一个失败的例子，好多人做“红楼梦”都失败了。万一我成了呢？王潮歌想，那时候，我们的孩子，他们会以我们这样的皮肤、语言、音乐、服饰为荣！他们会跟全世界的人说，来！过来看看我们的，看看我们的粉墙黛瓦、高山流水、大象无形，这是我们中国的，你们也学学！冲着这个“万一”，王潮歌豁出去了，她和王玉锁一起踏上冒险之旅。这个情怀项目还吸引了更多人的加入。

近几年国内旅游演艺遍地开花，它们和《只有红楼梦》有何本质不同？优秀的剧作导演乃至旅游演艺导演不乏其人，为何非王潮歌不可？王潮歌的答案是《只有红楼梦》的艺术性。“艺术家不迎合任何人，但其作品中注入的主题表达，往往具有深刻的思想冲击力，人群会被主动

吸引，心灵被激发。伟大的艺术品，是由于其最广泛、最深刻地改造了人群的思想。”

她一直在跟自己死命较劲儿，只有这样决绝的付出和态度，才能深入到前人不曾到过的领域，寻找到震撼心灵的力量。在王潮歌看来，以《红楼梦》为代表的中国传统文化精髓，在当下中国、国际上失语，并非精神内核不如西方的文化，仅仅在于创意不足、呈现手法老旧。再优秀的文化，几百年都是一个不变的形式，观众也会失去兴趣。借助全新的表达，王潮歌试图将蜷缩于黑暗一角的中国传统文化精华，重新请出来，请到光明中，请到舞台上。

《只有红楼梦》总构想的工作如今已完成，王潮歌对其发掘的创意和灵感较为满意。“我多想今天就把这部作品的一切和盘托出，但是不能，我要克制，等到开业那天给你们一个惊诧，你一定没见过。”王潮歌说。

“疯系”人生

一个作品的完成，从文学选择到舞台表现，创作到二度创作，王潮歌在自己的作品中同时扮演编剧、导演、总构想师三个角色。从故事选择到舞台配置到性价比，都是她要考虑的因素。随着作品的增加，要考虑的问题也在持续叠加，王潮歌喜欢亲力亲为，从不给自己揽一些有名无实的虚职和头衔。

“很多时候，有人也在提示我可以给人挂名，做监制、指导，用这种方式拿好多钱。但现在，我一个都没这样做。我不想做这样的交换。”王潮歌说，“我都这么大年纪了（笑），还保持在一线工作。我会亲力亲为地写剧本、构思、处理台词、设计演员动作。因为我认为观众买的是王潮歌的作品，所以就应该是王潮歌的作品。”

在一期节目中王潮歌谈到，对她影响最深的一本书是《浮士德》。其实这本书是讲一个人为了满足欲望跟魔鬼做交换的过程。在王潮歌意识里，艺术创作不是她的职业，而是她的信仰，是她生命中最珍贵的部分，是她在这个世上活下去的理由。“如果你现在跟我说，给我几百亿元或者更多，换我从此以后不能拍戏了，我就说，滚！但如果说你这个作品，能换来对创作的极限挑战，换来给更多人和行业带去好处，我就说哪怕只给一元钱，干！”王潮歌毫不含糊。

一个艺术家最担心的事情，就是自己想象力和创造力的枯竭。“我每天都在这种焦虑之中，焦虑江郎才尽，焦虑我再也没有办法创造出一个新奇的主意。”王潮歌很坦诚，“事实证明，焦虑是对的，因为我经常出一臭招，不对，再想一个，又不对，还得再想，每天都这样。我对自己保有好奇心，我也不知道未来王潮歌是什么样的，也许又弄出一个前所未有、震撼世界的，也许狗屎一摊，我也不知道。”

2018 年 6 月 27 日，中国传媒大学举行毕业典礼，王潮歌作为校友代表发表演讲。对于当下在一些年轻人中流行的“佛系”人生观，王潮歌给予了猛烈的批评：不要“佛系”，不要那种“无所谓、都行”的价值观，要过极致追求的“疯系”人生。什么都别怕，“疯”起来！

对于王潮歌自身而言，她在这所学院里就学习了两个字，叫“热爱”，而她自己就是带着这种热爱走出去的。在 30 年的导演生涯之中，她遇到的苦太多了，肉体的苦和精神的苦，有的时候苦到都过不去了。但是有一条，她总想怎么着都是一辈子，如果不疯、不极致，不为了一个追求放弃一切，抛弃一切，就这一个目的往前走，如果没有这个劲的话，也不会有今天的王潮歌。

“我们一生都脚踩两只船，一只是生活的船，一只是精神的船。在没有饿死的情况下，尽可能追求理想。人活一世不能只为这张嘴，人活一世应该在这个世界上留下一点痕迹。我们要为了自己的理想不遗余力地去追求，为了自己的民族和血脉贡献自己的一生，为了更高远的、更宏大的目标去奋斗！”王潮歌是这么说的，也是这么做的。

韩小红／管理健康

文｜鹿苗苗

韩小红　慈铭健康体检管理创始人、慈记网络科技董事长、木兰汇常务理事

木兰小传

谈体检，绕不开慈铭，也绕不开韩小红。慈铭体检是中国第一家以“早诊断、早发现、早治疗”及“预防为主”的医学理念创建的健康体检连锁机构。韩小红是慈铭体检创始人和总裁。

2002年，带着年轻肿瘤医生治愈生命的理想主义和优等学生刻苦无畏的死磕精神，从德国访学归来的韩小红创办了慈铭体检，由此开启了中国专业健康体检行业从零出发的艰难探险。

从体检产品系统、机构运营管理、行业标准构建，再到品牌输出、连锁经营，韩小红建构了中国专业健康体检的完整商业化逻辑，并推及全国医院及专业机构。慈铭体检因此成为健康体检行业的黄埔军校。

2004年到2017年，慈铭体检与美年大健康走完长达13年的整合上市过程，韩小红退居二线。“每周还是会到各处转转，现在我用欣赏的眼光看这里的一切，没有我，慈铭发展得也很好。”合并后的集团公司在全国拥有400多家门店，每年为2000万人次提供体检服务，每年有3.5亿人在此模式上受益，仅慈铭体检每年就查出5万～6万名早期癌症病人，通过预防发现疾病可节省治疗费用千亿元人民币。

韩小红为慈铭和健康体检冲锋陷阵16年，在她的努力下，健康体检理念逐步融入中国人的日常生活，慈铭的产品逻辑和商业模式被广泛认可和复制。韩小红“治未病，为人民健康服务”的愿景带动体检从业大军以燎原之势改变了中国。“说体检都会想到我，我很感恩，很自豪。”

创业艰辛，你是如何长期保持活力的？

韩小红：人要通透舒畅，内心舒服，不拧巴，才能有好状态。商业创新让我很兴奋，工作可以让我长时间沉浸其中，这就是我最好的状态。我很享受高强度工作劳累之后放松下来的感觉，让自己静下来、沉淀下来，一个人就能慢慢恢复能量。

创业是一个漫长的过程，你是如何理解成长的？

韩小红：认定一件事之后，我会很专注，我很享受这种状态。死磕到底就会有结果。我对自己的认知很清晰，我喜欢创新，喜欢从 0 到 1 创造新商业的过程。

“博士，你的脸形为什么越长越好看了呢？”身边的工作人员打趣。韩小红喜欢大家叫她博士，最近也正以女博士的研究热情观察审视自己，通过身体细微的变化来感受自己作为女人的特殊阶段。

工作中，她基本不会意识到自己是女人。“跟我比，身边的人都是男人。”

创业，要适应市场，适应环境，很多事情不以人的意志为转移，企业家们或多或少都会有些不能说或者不想说的秘密。韩小红却恣意汪洋，率直流淌，不像精于权衡谋划的企业家，甚至不像经历略微复杂些的普通人。

“我的经历都可以拿出来跟大家分享，我很敞亮，内心没有阴暗的东西。”走过人生低谷，战胜癌症恢复好身体，做成一份有价值的事业，拥有良好的家庭和社会关系，韩小红将这份人生的完满状态归因于“内心通透顺畅”。

从0出发

成为肿瘤医生对韩小红来说是顺理成章的：爷爷是驰名当地的中医大夫，父母是药学带头人，韩小红从小到大一直很顺畅，1997年北京医科大学硕士毕业后自然就分配到301医院肿瘤内科工作。

行医日久，韩小红内心的无力和困惑在累积发酵。脑海中常闪现实习时眼看着一个病人因抢救无效而去世的场景，她对着白布单莫名地大哭起来。“每天面对晚期肿瘤病人，因为没有及早发现而无法治疗，其实那时候潜意识里我就觉得在这方面我们国家的医疗有一些缺陷。”

为了解答心中疑惑，韩小红于1999年赴德国做访问学者。“先去体检，体检以后才能看你适合不适合在我的实验室工作。”初到德国，韩小红遭遇了“老板”的严厉。后来，她逐渐发现西方人对待病症的理念是防病重于治病，体检在德国是一项公民权利，体检费用由商业保险公司承担。那时候韩小红全部精力集中在自己的学术和取得学位上，还没意识到可以从商业的角度深度解析体检行业。

2001年6月16日，韩小红34岁生日当天收到了先生胡波寄来的生日礼物，一盘录像带，胡波在录像中聘任她担任“北京慈济门诊部总经理”。虽然很感动也很高兴，但韩小红正昏天黑地忙着写毕业论文，只能选择职业经理人来主管门诊。

慈济门诊是一家癌症中医专家门诊，太阳春白雪，名气也不大，亏损很严重。到2001年年底韩小红回国，已经变成一个半年亏损100万元人民币的烫手山芋，韩小红常会半夜从梦中惊醒。

回国后，韩小红回到301医院上班。此时，德国健康体检理念埋在她心中的种子正在生根发芽。她很清楚现有的医疗技术很难从根本上解决癌症问题，真正的治疗手段是早期诊断，早期治疗，早期检查。“继

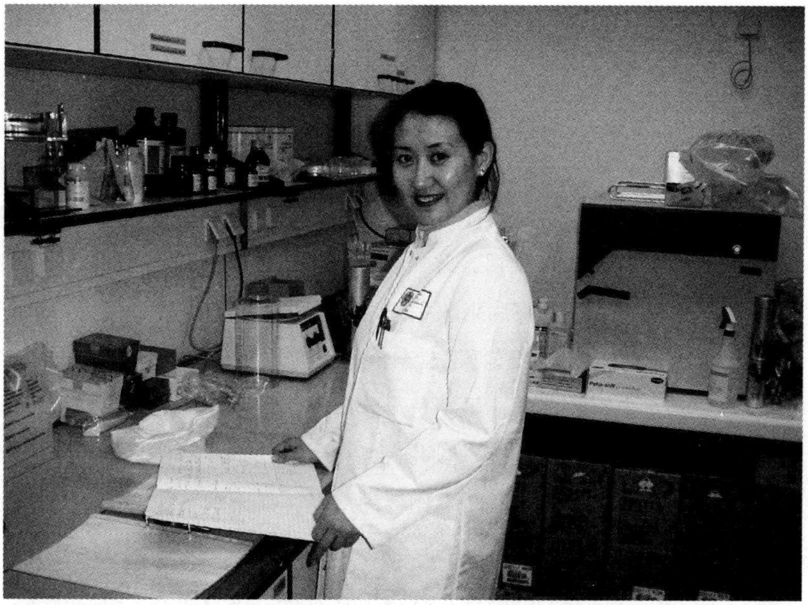

1999年，韩小红在德国海德堡大学实验室做免疫细胞治疗实验

续现在的工作，我这些年积累的经验、增长的学识、沉淀的理念不可能有爆发性发展，我不甘心这样生活下去！”韩小红决定辞职跟丈夫一起创业，做体检服务。

韩小红细致调查了国内体检市场，发现国内没有专门的体检场所，健康体检者与就医患者混杂在一起，容易引起交叉感染；体检医生由医院低年资的门诊医生担任，临床经验不足，难以在早期发现健康隐患；医院检查科室分散，体检者需要楼上楼下跑；检查报告要等一两个星期才能出来，并且也只是数据的堆砌，让人看不明白。国内健康体检行业还处于空白状态。

2002年3月28日，考察过欧美国家、日本、中国香港和台湾地区的专业体检企业之后，韩小红在北京朝阳区东二环开了第一家体检机构——慈济健康体检中心。1000 多平方米的大厅、装修如星级宾馆、热情的服务人员，让习惯了在医院体检的老百姓开了眼界。

体检流程清晰，男女有不同的体检线路，充分尊重客户的隐私；检查分为餐前和餐后两部分，体检中心提供免费营养早餐；保证客户在 4 小时内完成所有的体检项目，并且在 48 小时内由专业医师负责解释最终的健康检查报告。慈济后来改名为慈铭，是中国健康体检“第一个吃螃蟹者”，也是国内首家按照医检分离模式开展健康体检的医疗机构。

开业满一个月的时候，虽然有一些口碑，但客户始终稀稀拉拉，断断续续。直到韩小红得知北京律师协会需要每年给 8000 多名会员体检。她觉得律师文化水平高，对新事物容易接受，如果拿下这个单，对体检中心的经营能起到根本性的作用，至少不用天天着急找米下锅。

“第一次去见他们的时候，我等了 5 分钟，没有见人，我就走了，走的时候顺手在人家桌上留了一张名片。”回去的路上，韩小红接到了对方恼火的电话质问：“这就是留德博士的谈判风格吗？”第二次见面，对方直接带韩小红见了领导，几分钟就敲定了合作，非常顺利。

“他们一直在一家三甲医院体检，对方的服务让他们很伤脑筋，既没有检前的客户资料汇总，也没有面对面的讲解服务，更没有检后汇总的健康体检专业报告。这些服务细节我们都能提供，他们发现我们是一个全新的服务体系。”韩小红认为没花太多力气就能撬动这个救命大单的关键在于慈铭专业的服务。韩小红在业务开发、体检流程梳理上的投入在早期就获得了认可。

在亲朋好友们眼中，韩小红颇为内敛，不善言辞，不点名从不主动发言，听说她经商做体检，都认为她是在瞎折腾，父母却非常理解她。父亲对韩小红品性中敢于冒险的潜质早有洞察。母亲很聪明，很漂亮，很能干，一生希望能活得精彩，但是时代没有给她那样的机会。“她不说，但是对我的要求非常高，看我每天往前走，能做些事出来，她眼睛都是

放光的。”

起初，韩小红对自己总经理的身份也并不习惯，当医生的时候面对的是单个的病人，没管过人。“从一开始，做大、做强都不是我们的概念，我跟先生都是医生，完全没有商业的想法，我们只是在做一件我们认为非常有意义和价值的事情，就这样懵懵懂懂地走起来了。”韩小红做好了支撑体检中心亏损两年的准备，结果很惊喜，三四个月后就开始盈利了。韩小红的管理潜能也被一点点挖掘出来。

跟随需求

律师协会 8000 人的大单子对韩小红来说，既是救命良机也是沉重负担。每天上午有 200 人挤在 800 多平方米的体检中心大厅里，满满当当；体检中心开业没多久，流程还不够熟练。韩小红觉得自己要疯了，对不起医生，也对不起客户。刚回国的时候，韩小红对体检中心的想象是，每个人坐在凳子上悠闲地等着医生叫诊，现在每个科室门口都挤了不下 20 人。“完全不是我想象的那个状态了，我接受不了！”骨子里学者的理想主义和医生的完美主义在叫嚣。

想到第二年这批客户还要过来，如果有两家店，200 人就可以分流成 100 人，能舒服很多，韩小红决定第二年就开第二家店。“我想给客户更好的体验和享受，这就是我的动力，我的逻辑就是这样简单。”

起步过程中，韩小红发现创业需要很多综合的能力，比如坚持、学习能力、对商业的理解力、跟各部门平衡周旋的能力等。她和先生再加上她弟弟，三个人在不同层面上能力互补，把整个木桶的所有短板都补上，捆绑在一起扛着往前走。“我们当时租的是房子的使用权，去工商注册以及接下来办很多证照时才知道需要产权证明，那时候我们已经把装修、设备和机构都搭建起来了，每次都是在吃亏当中前进。”

开店的同时也还在摸索服务体系、产品结构，只能一点点往前走，一年开一个店，三四年之后获得了资本市场的青睐。有了资本做推手，慈铭脚步加快，商业价值急剧放大。

对商业一无所知的韩小红过了很久才品味过来，她的逻辑就是跟着需求走，哪里有需求店就在哪儿开。“我跟着需求发现了商业模式，在一点点做的过程中进入角色。”

向死而生

向死而生既指韩小红的事业，也指她的人生。

2003 年 SARS 大爆发，4 月份相关部门要求 50 个人以上的门店必须解散，以免疫情扩散。当时，刚刚建完第二家体检中心，所有的资金都放进去了，还有 200 个员工要养活。看到市面上紧缺大量的口罩、温度计之类物品，而体检机构恰好有经营资质，为了盘活企业，同时也解决老百姓的问题，将家人安置到沈阳后，韩小红带着二十几个员工，想办法采购中草药、进口罩、进温度计，早上 7 点干到晚上 11 点，天天扎在人堆里，开中草药，卖蕨根粉，卖口罩，忙得不亦乐乎，置生死于度外。到 8 月份体检中心重新开业，韩小红已经把前四个月的房租全挣出来了。“每天都在工作，没有困惑，也不担忧 SARS，感觉在解决问题，很享受。”

2004 年 3 月 29 日，刚刚装修完的第三家体检中心积水潭分店失火，几百万投入一下子就烧光了。“到现场后，我就掉了两滴眼泪，仅此而已，几秒钟我就镇静下来了。”韩小红带着 300 多员工，上午体检，下午清理从房顶上滴下来的焦油，焦油足足有十厘米厚，整整用了 20 天才把 1000 多平米的大堂擦完。积水潭分店如期开业。

“没有什么事可以让我焦虑，让我无解时，我会立即放下。”韩小红找到了一种特别阿 Q 的解决办法自我解脱，使自己能继续向前看。

经受众多艰难时刻的磨砺后，韩小红尝到了创业带来的喜悦。2004 年，第四家体检店开业。创业以来，韩小红忽略了对家人的关心照料，为了弥补心中的遗憾，她把远在大连的父母接到北京，希望能尽一些孝心。

命运又跟她开了一个玩笑，父亲在她经营的体检中心检查出前列腺癌晚期四 B，癌症分类中最晚的一种。“那是我最难过的一年，眼看着父亲走向末路，却没有办法救他。”韩小红只能嘱托医生使用大剂量的止痛药，尽量减少父亲的疼痛。

灾难接踵而至。

慈铭体检的社会影响力逐渐增大，韩国最好的医院三星医院发来合作邀请，韩小红决定去韩国考察，并在考察中体验了对方的体检流程。

非典期间，韩小红带领员工卖中药材度过危机

回国四天后，韩小红收到韩国方面电话通知，检测出她患了胃癌。心存侥幸，韩小红只身到北京肿瘤医院复查，最终确诊为细胞癌，癌症中死亡率最高的。韩小红特意问专家，临床上活得最长的案例是多长时间，专家的答复是两年。“我见过最长的是一年，我行医比较短，但我觉得我能活三年，我得送走父亲，看着女儿上大学，把慈铭经营好交给丈夫，给家族留一个平台保障。”韩小红目标感极强，定下明确的三年规划之后，开始与时间赛跑。

胃癌手术切除掉她三分之二的胃，刀口缝了 44 针。父亲生命的最后三个月，韩小红跟父亲在同一个病房化疗。“这可能是老天给我的一个机会，在这之前，我一直在求学、工作，没有时间去照顾父亲，这三个月我可以时时刻刻陪着他。”

为了不让员工知道自己得了癌症，拆线后第十天，韩小红专挑上午9 ~ 11点到所有的体检中心走了一圈。这个时间段体检中心最忙。“刚拆线，很疼，必须佝偻着身体，在车上我就趴着，每到一个体检中心，我就咬着牙站直，在每一个地方跟大家笑一笑。”韩小红要让员工看到她，告诉大家，她很好，她没事，大家要安心工作。

每个体检中心都是满的，韩小红深切地感受到了大家的需求。“我是肿瘤科医生，自己得了个癌症，一定是老天爷要求我做下去，一定是上帝让我来完成这个使命的。”韩小红要求自己要坚持做下去，而且要做更多。

化疗的半年时间里，韩小红依旧坚持继续开店。她每周与高管们见一次面，听他们汇报工作，躺在病床上告诉高管们怎么开店。2005年11月，上海的体检中心开业，那也是韩小红在异地开的第一家店。

绝境面前只要退一步就能彻底结束困境，韩小红经历的任何一件事都足以击垮一个人，她却只是一点点化解，没有抱怨，也没有诉说。“得癌症的时候我甚至有点庆幸，我终于能躺下了。我不知道别人怎么活，但这是我最好的状态，也是我喜欢的状态。”

管理输出

从2003年开始，公立医院陆续来慈铭体检参观。2005年开始，公立医院开始设立专门的体检部门开展健康体检业务。十几年中，体检业务在公立医院全面铺开，并占据了国内80%左右的市场。

在韩小红看来，公立医院有做体检的先天优势：其他科室淘汰的设备可以放在体检中心使用，能腾出足够大的空间做体检中心而不用支付额外房租，退休医生可直接转为体检专业人才，不需要额外审批资质。公立医院的体检利润率能达到70% ~ 80%，这也是公立医院做体检业务的重要动因。

作为综合医疗机构，公立医院对体检的概念并不陌生，只是缺流程，缺信息化。

慈铭早期出去创业的员工成立体检软件公司，解决了公立医院的这个问题。韩小红提到，慈铭也有自己的体检软件，当时只在内部使用。“那时候我在认知上还是比较狭隘的，慈铭自己的软件没有传播出去。”

从 2004 年开始，美年、爱康等民营体检机构陆续入场。慈铭在检测流程、组织架构、管理体系、科室布局、体检中心运营，包括人员配比等方面都已经形成了可复制的标准文件。慈铭在标准模式和人才培养上的贡献为体检行业的迅速生长提供了巨大支撑条件，健康体检的风口渐起。

韩小红缓步慢行地死磕出了一个行业，嗅觉灵敏的投资人闻风而来。

2004 年，鼎晖以 3500 万元入股慈铭。“鼎晖给员工带来的凝聚力是无法估量的。当你有了战略伙伴以后，他就能跟你分担责任。不管他以后能从我这得到多少利益，至少当时对我们是一种支持。”此后，慈铭又陆续引入了天津保银、平安保险等战略投资，发展进入快车道。

经过前期发展，慈铭体检通过自己的运营实践，在业务拓展、效益创造、管理水平等方面形成了自己的品牌和模式，制定的 8 档慈铭体检套餐现在已经成了业界的标准，同时又结合 5 年来 80 多万人的健康体检数据分析结果，创造了 168 个体检模块，体检套餐扩展到 38 个，占据着行业领先地位。

从病痛中走出来的韩小红，立刻全身心地进入了工作状态。为了扩大规模，服务于更多的人，韩小红提出了管理模式输出战略。一方面，慈铭体检集团加快了在北京的发展步伐，以直营连锁的形式在市内迅速开店；另一方面，在全国范围内实行特许加盟连锁经营或股份合作经营。

2006 年，慈铭管理模式输出的第一家店在太原出炉。该店由山西煤老板投资，开业一年后实现盈利。

所谓管理模式输出，也就是慈铭帮别人建店。从选址到最后开业，慈铭出人力、物力，帮对方培训人才，构建经营体系、模式，最后撤出。慈铭会收取一定费用，但对方可以树立自己的品牌。

“企业内部的管理已经有了一整套标准化的东西，一个店一个店复制就可以了。前六家店是我亲自做的，后面是我指导高管做的。到第十

韩小红带领慈铭员工为汶川地震灾区群众捐款

家店之后，我已经完全不管了，精力开始放在外部资源的整合上，也从一个管家型总裁向一个真正的管理者转变。”

上市赶考

2009 年慈铭启动上市进程。韩小红并不认为当时上市是最好的选择。

到2014年IPO中止，跟随韩小红的股东，最长的11年，最短的6年，韩小红希望通过上市给股东们一个交代。“既然这是他们追求的，对企业也不是坏事，同时也是融资的一个方法和手段，别人成全了我，我也想成全别人。”

在上市这件事上，韩小红唯一的固执是必须在 A 股上市，她希望代表中国健康体检行业传递某种声音。“我不懂什么叫节奏，我就是一个好孩子，好好做事，一个功课一个功课地去拿下来，一个鬼门关一个鬼门关地闯过去，像学生考学一样考上市。”

2010 年开始，慈铭筹备创业板上市；2011 年，转战中小板，终于 2012 年 7 月过会，又逢 IPO 暂停；2014 年年初，IPO 重新开闸，慈铭体检拿到核准批文。

路演盛况空前，韩小红记忆犹新。旁边路演的都是二三十个人，慈铭那边有 300 多人，大厅里满满的，一眼望过去都是人。“当时就是傻乎乎、任劳任怨的状态，一步一个脚印已经走到极致了，证监会也给了肯定，我觉得已经走到顶点了。”

路演过后，慈铭 IPO 被叫停，当时主管领导建议韩小红考虑到香港上市。这成了压垮韩小红上市进程的最后一根稻草。韩小红当即召集一家三口关起门来开了个会，说自己打算卖公司，先生、女儿都同意。韩小红说，她的阿 Q 精神起作用了，不让上市我就不上了呗！

决定卖公司后，韩小红找了四五个同行，简单干脆：我不准备上市了，我准备合并，卖公司，愿不愿意？此刻，韩小红接收到了来自对手的认同，在行业内扎扎实实做出来的口碑对手是看在眼里的。“只要你给，开价，你说了算。”

最终，韩小红选择了美年。没有任何对赌，没有任何约束条款、竞业禁止条款，在价格上也得到了等同上市的高倍数。2014 年 11 月，美年大健康与慈铭体检相关方签署股份转让协议，拟分期收购慈铭体检 100% 股份，估值 36 亿元。2015 年，美年借壳江苏三友上市。2017 年 7 月 12 日，美年健康收购慈铭体检方案获证监会无条件通过。至此，韩小红也算实现了曲线上市。

合并三年，慈铭的业绩从 9 亿翻到了现在的 19 亿，美年帮助慈铭实现了 10 到 100 的价值放大。慈铭重质量重服务，美年是强销售的团队，两个团队的文化渗透还不错。慈铭上市的过程中韩小红形容自己是“低头拉车”的人，与美年合并的决定过程很任性，但实际却真的是韩小红难得的“抬头看天”。

目前，体检机构的客户主要是 B 端企业客户，各家之间为争夺客户将客单价压得很低，量大价低，客户体检不好。韩小红觉得行业整体太浮躁了，她希望能更舒缓一些。而有些体检中心面积扩大到了几千平，她也有些担忧，现在技术发展很快，一体机出来以后，未来体检中心可能一个小房间就够了。

上市规划中，投资人和主管单位都希望慈铭未来以复制扩张模式发展，但韩小红更喜欢创建新模式，更愿在产业链、客户的需求上做延伸，“复制对我来说意义不大，未来我要为这个行业做些更有价值的事”。

慢病突围

作为医生，韩小红对疾病数据非常敏感。

从 2002 年第一家体检中心开始，韩小红就把信息工程师和体检医生放在一起，共同完成客户医疗信息的数据化和疾病信息编码。十五六年间，通过一线客服和医生的反馈，韩小红的团队建立了上万个疾病词条，累积了几千万用户数据。“慈铭的专业在于后台诊断报告的专业”，韩小红说这才是慈铭模式真正的核心。

慈铭累积的慢病数据把韩小红着实吓了一跳，她以为是机器坏了。数据显示，中国从 2002 年开始已经成为世界慢性病第一大国了，只是没有人敢说出来。

从 2004 年开始，慈铭联合中国医师学会发布了《中国城市健康状况白皮书》。报告数据倒逼政府不断更新认知，重视慢病管理相关工作。连续发布 10 年以后，政府在慢病问题上慢慢开放，相关研究文章开始大量发表，慢病管理真正意义上走向公众认知。

进入体检这个行业，韩小红起初是想在早期就发现疾病。近 20 年，中国一跃成为世界第一大代谢综合病大国，疾病查不完，越查越多，光检查已经没有意义了。面对从体检数据发现的中国人的健康状况，韩小红开始从操作意义上进行慢病管理的尝试探索，“这是我的使命吧，有价值我就做。”

慈铭有 4000 个疾病标签，标签跟人的行为生活方式关联，能梳理出未来发生慢性疾病的可能。韩小红说，当别人在谈论医疗大数据、人工智能的时候，他们已经在应用了。2014 年，韩小红推出“记健康”健康管理软件，提供在线的人工智能解读报告、健康管理、就医转诊等服务。记健康在开发的前三年只应用于慈铭体检内部，现在开始走向外部，已经有三家公立医院引入了慈铭的软件，慈铭也开始为公立医院的体检机构提供健康管理服务。

2013 年，国务院正式批复海南设立博鳌乐城国际医疗旅游先行区。2018 年 4 月，国务院批复对先行区内医疗机构临床急需且在中国尚无品种产品获准注册的医疗器械，由海南省人民政府实施进口批准，在指定医疗机构使用。对十几年为各种医疗证照奔波的韩小红，无异于去掉了紧箍咒，绿灯畅行，时机难得。

经过两年时间的筹备，坐落于博鳌乐城国际医疗旅游先行示范区的慈铭（博鳌）国际医院在2018年11月份正式营业。一方面做慢病管理，用更为舒缓的方式调整治疗慢性疾病，另一方面引进国际上最顶级的治疗技术、仪器、药品和专家，治疗常规意义上认为不可治的疑难杂症。每天看着最顶级的治疗方案在中国落地，曾经的肿瘤医生韩小红异常兴奋。

近几年，韩小红一直在重新构建原有的产业结构中缺失的部分。“希望吸收过去体检连锁经营经验做诊所，突破体检中心的业务局限，解决体检后的治疗问题。”目前，韩小红在大连的诊所已经运行了四五个月，广州、成都也在筹备中。

“我静不下来，也没什么兴趣爱好，没有什么事情能像工作一样让我长时间沉浸其中。”停不下来的韩小红正踌躇满志地开启自己事业的下半场。她将自己现在的身份仍定义为创业者，不同的是，她不需要像创办慈铭那样事事亲力亲为。“大众创业，万众创新，培养了多少人才啊，模式理清楚就会有人来接我的班。”

夏华／缔造时尚

文 | 郜晓文

夏华　依文集团董事长、木兰汇联席理事长

木兰小传

“中国服装领军品牌掌门人”“2005中国经济女性年度人物”“最具影响力的企业家”“中国营销风云人物”“时尚女王”……这个缔造中国时尚潮流的女企业家头上戴着一长串光环，但是当你走近她的时候会发现，她是一个非常优雅、亲和、知性的女人，甚至不会联想到奢侈品这个词。

1994年，夏华辞去了大学教师工作，下海创办了男装品牌“依文”。风雨二十余载，这个东北姑娘凭着天生的创意和执着，一手缔造了时尚帝国，先后创立依文（EVE FASHION）、诺丁山（NOTTING HILL）、凯文凯利（Kevin Kelly）、杰奎普瑞（JAQUES PRITT）等知名男装品牌，精美的品质、时尚的设计、一流的服务，赢得了消费者广泛好评。

在中国时尚界，夏华以极具创意和品牌创造力著称，她先是掀起了彩色的休闲西装对传统的灰蓝黑西装的一场革命，继而又以独特的情感营销与创新的文化营销感动，影响着中国男人的衣着打扮，毫无争议地成为中国男装品牌的代表。在全国拥有500间门店，连续5年荣登中国男装销售榜首，一批中国最有影响力的政商精英成为她的忠实顾客。

2003年，夏华第二次创业，创立依文·中国手工坊平台，在贵州的大山里寻找到8000名中国手艺人，收集了5000种中国传统纹样，为1000名全球青年设计师展示资料，让中国传统服装工艺之美惊艳世界。25年前的创业初心，是改变一个女人的命运；15年前的创业，是为了改变一群女人的命运，为了让都市读懂大山，让未来读懂过去，让世界读懂中国……

创业艰辛，你是如何长期保持活力的？

夏华：在中国服装行业，依文一直是一个“吃螃蟹者”。创新是依文的基因，也是依文的文化，我们一直在做别人不敢企及或者不敢想象的事情。无论在产品设计、品牌还是市场方面，依文都是行业的一个探索者。我觉得这是公司能够长期保持活力的根本。依文是一个具有行业创新力和产业带动力的企业，今天我们更骄傲的是依文给服装产业带来了巨大影响。在品牌建设方面，依文一直在用独特的方式讲故事，然后再展示给全世界。近三年中国手工坊在欧洲的表现，给中国带来很多喝彩，它不仅仅代表依文，还代表对中国品牌的认知和认同，为中国服装乃至中国文化赢得了尊重。

创业是一个漫长的过程，你是如何理解成长的？

夏华：我们这一批企业家其实还是梦想驱动型的，或者说有格局或大梦想的企业家，不会在意简单的短期收益。做一个企业赚钱是肯定的，但这不是我们的终极追求，终极的追求是做一家伟大的企业。真正的成功不是你赚了多少钱，而是你帮了多少人，多少人因为你而改变了命运。做一个伟大的企业是一个功在当代、利在千秋的事业。生命是一个自我选择和自我迭代的过程，我觉得人终其一生还是为美好而战，我选择了一个最美好的事业，每天都在跟创意打交道。如果有一天不做企业了，我会从事女性教育，希望每一个女性的生命是完满的，事业有声有色、做人有情有义、生活有滋有味，有了大梦想才不会有小烦恼。

夏华出生在辽宁农村，14 岁那年母亲去世，父女俩相依为命。1987 年，夏华考入中国政法大学，父亲为此感到非常自豪，省吃俭用给她买了一个蓝色旅行箱。1991 年，夏华毕业留校任教。在很多人眼里，一个农村女孩在北京有了令人羡慕的“铁饭碗”，已经很成功了。但夏华并未因此满足，她是一个有大梦想的人。

1992 年，学校接受了国务院的一个研究课题“沿海地区经济发展与法制建设”，夏华带着十几个学生远赴福建，开始了为期一个月的实地考察。一直平静地生活在象牙塔里的夏华被沿海地区发展经济的热情震撼了，这些创造了巨大财富的企业老板有的甚至连自己的名字都写不好，可是他们仍然有勇气尝试改变自己的命运。夏华感觉到，一个新的时代到来了，她要抓住时代赐予的机遇。

夏华在中国政法大学读书

回京后，夏华毅然决定辞职下海，经营服装生意。同事和朋友们都非常诧异，劝她三思而后行。老父亲更是勃然大怒，他不明白女儿为什么要放弃三尺讲台，跑去站柜台，气得两年没有给她打过电话。但家人的反对、师长的挽留，没有动摇夏华勇敢追梦的心。系主任找她谈话时说："条条大路通罗马，在中国政法大学依旧有很好的前途，你也可以为社会做出很大的贡献。"夏华说："虽然条条大路通罗马，但飞机一定比汽车快！既然选择了盖房子，就应该早打地基早搭梁！"

就这样，夏华怀揣着凑来的两万块钱，拎着上大学时父亲给她买的蓝色旅行箱，踏上了缔造中国时尚的追梦之旅。在北京西单商场门口，她观察提袋出来的顾客到底是什么人，他们提着什么样的口袋，然后她就去提袋率最高的那家公司做售货员，而那家公司恰好是一家生产男装的公司。

一个没有系统学习过设计、纺织或任何一门与服装沾边的学科的"外行"，按理说经营服装生意是非常困难的，但在夏华看来，正是因为自己法律系出身，反而比那些服装专业人士更有逻辑和理性，更懂得把握消费者的消费心理。

做了一年售货员之后，她发现中国男装市场一个现象：灰蓝黑的西装充斥整个卖场，她想说服老板做一些彩色的、休闲的、国外画报刊登的服装来改变这个现状。可是，那时的老板并没有接受这个建议。于是夏华找到北京毛纺厂，她以低价买下了积压的外销面料。

回去后，她将买来的面料做成成衣在商场展示，结果三天都没有人买。于是，她又找来画报，到照相馆放成大的照片，跟商场负责人要了一面墙，展示这些画报，还起了一个名字叫"亮丽人生"。这个与众不同的创意，让夏华在与灰蓝黑西装的竞争中"打了一场胜仗"。

依文集团创立初期

品牌之路

1994年，夏华注册了“依文”商标，取“人、衣服、文化”完美结合之意，开始了品牌经营。她的构想是：立足中高端男装市场，将依文打造成一个真正的品牌，即使有一天穿着它的人消费层次与品味进步了，也不会因为曾经穿过它而感到尴尬。也就是说，市场份额并不是依文的首要追求，因此它拒绝盲目地扩大用户基数，而是注重同现有用户深度沟通、增进联系。

“依文是一个有态度和温度的企业。我们用心思考给顾客不经意的感动和触动，用真诚的理解与服务得到了越来越多忠诚的男性消费者，从而形成了稳定的客户群。”夏华说。依文今天的不断发展与业绩飙升，与其相对稳定的客户群的一路追随和支持是分不开的。

经过20多年的经营，依文深耕高级男装领域，经营范围涉及服装品牌管理经营、饰品、职业装、礼品、商业资讯及文化创意等领域。在中国市场拥有超过500家销售门店，年销售额达数十亿元，受到超过100万会员的支持和信任。旗下品牌相继获得“中国驰名商标”“中国服装品牌年度大奖”，集团获得“全国纺织服装双百强企业”“高新技术企业”等多项殊荣。

依文是一个品牌创造能力强的企业，旗下拥有依文男装（EVE de UOMO）、依文中国（EVE de CINA）、凯文凯利（Kevin Kelly）、诺丁山（NOTTING HILL）、杰奎普瑞（JAQUES PRITT）五大高级男装品牌，影响力、规模在市场上表现不俗。在夏华的心目中，未来的依文是一个引领时尚的企业，而不仅仅是一个服装品牌，它是能够引领人们生活方式，给人们带来不同感受的品牌的集合体。

说起品牌建设，夏华曾经创造了一个经典的案例——“玫瑰花”营销。一个情人节的早上，公司通过快递公司把一份精心准备好的礼品：甜点、玫瑰和卡片送到3万个VIP客户手里，一张粉色的卡片上面写了一句话“永远的情人依文”。许多客户在收到“不明女士”的玫瑰花时都感到惊诧，甚至不敢在办公室里打开，但得知真相后又对依文的细心与创新留下了深刻的印象，举着手里的礼品在办公室里向同事炫耀，“依文”这个品牌也在这一天里传播开了。

梳理这些年“依文”的营销脉络，充满了别出心裁的创意。从为VIP客户研发礼品到举办静态图片展，依文为增强VIP粘度所做的种种举措，都是站在消费者的角度想他们所想，无论是销售部门，还是设计部门，以及创意文化礼品设计、市场活动均是如此。

服装企业的推广方式一般是召开服装发布会，而依文却举办过许多完全没有时装的“发布会”。比如，2000年的时候，在西单、王府井

大街展示的代表父母亲一辈的老照片；2005 年秋天的大型展示则是提醒客户在这样一个物质生活水平飞快提高的时代里面，为了社会和家庭责任，需要控制欲望。每一年依文都会给客户赠书，这些依文“黑皮书”不谈服装，更多谈情感、责任和社会现象。

近年来，中国服装企业经过不断盘整，产品品种、款式、质量日益趋同，基本营销手段的差异性减弱，许多品牌的表象特征极其相似。中国的服装企业因为生产过剩而陷入价格战，结果就是利润越来越薄，曾经与依文一起成长的服装品牌如今不少已湮没无闻了。

夏华认为，品牌背后所代表的文化内涵，所主张的情感概念，直至所引领的生活方式，实际上越来越千差万别。这种态势使中国男装业由原来的产品品质竞争与简单的价格竞争，开始走向品牌之间的风格竞争与品牌文化价值竞争，乃至品牌的客户群体的挖掘与培养的竞争。

2012 年，柳传志、俞敏洪、马蔚华等中国企业家俱乐部的理事身着私人定制的服饰，在伦敦奥运会上演了一场“阵容豪华”时装秀，把依文这个品牌推到了镁光灯的照射下；此后，马云、郭广昌、冯仑、朱新礼、刘东华等多位商界大佬都曾身着依文定制的服装出席不同场合，高调为其代言。这得益于依文在长期为客户服务过程中建立的价值认同和情感维系。

谈起中国服装品牌的国际化，夏华认为一个国家的时尚指数不同，文化背景不同，品牌之间不能简单比较，中国品牌的突破在于市场力与文化力，毕竟中国有 5000 年文化底蕴，有多民族文化基因，品牌的影响力不是到世界上开了多少间店，而是影响了多少能影响世界的人。今天中国的服装企业在国内市场上同样在跟国际品牌竞争，问题是我们的企业在本土市场还没有做透。

在世界范围内，中国元素在时装产业中的应用数不胜数，这既说明中国传统文化的璀璨辉煌，同时也体现出传统文化在国际上的巨大经济潜力。同时，中国传统服装的风格之多样，在全世界独树一帜，从国内本土的文化走到国际舞台时，就需要与世界时尚的美学相融合。

“时尚与美，是没有国界的，传统文化的元素之美，只要运用得当就能够在国际市场打出民族品牌。”夏华认为，中国企业走出海外不再仅仅是品牌的宣扬，而是文化和产业的国际化布局之路。从经营理念和产能布局思路来走国际化道路，将为整体产业带来极大的动力。

服务致胜

2006 年 11 月 2 日晚上 10 点，夏华接到一个电话，是时任北京市副市长陆昊打来的。陆昊对她说，来北京参加中非合作论坛的索马里总统艾哈迈德希望穿上一件中国企业制作的西装出席会议。当时距离论坛开幕不足 36 小时，而在正常情况下，定制一套男式正装需要两周时间。挂断电话，夏华立刻带着量体师去了钓鱼台国宾馆。24 小时之后，索马里总统穿着依文的服装出现在了会议现场。

最早想到靠服务取胜，完全是一个偶然。2004 年的一天，夏华从干洗店取回了自己送洗的几件羊绒大衣和皮衣，都是世界名牌，却发现衣服被洗得皱皱巴巴，很难再穿。惋惜之余，她意识到，有相当一部分家庭作坊式的洗衣店，基本谈不上什么规模，服务不规范、技术水平低，洗涤质量也很难得到保证，对不少人而言，高级时装的打理是一个问题。

夏华打算推出终身免费洗涤保养服务，但不少员工认为不值得。夏华坚持了自己的想法，她对员工说：“这就是一个建厂布道的过程，打造一个品牌，不投入是不可能的，一开始就是要‘养’。而且，把钱花在客户身上，远比打几个广告的效果要好。”

那时候，中国本土的大部分服装企业还没有树立服务意识，更少有独特的经营之道。人们能看到各式各样的明星广告牌，很多企业走着“打广告——快速膨胀——快速衰落”的道路。业界对夏华的做法并不看好，不少人觉得她是赔本赚吆喝。出乎意料的是，这项服务推出之后，夏华的 VIP 客户快速增长。在夏华看来，做服务是攻占市场的一大狠招。

于是，提供“上门定制”服务成为依文攻占高端定制市场的主打牌。顾客一般都有自己的事业，有自己忙不完的工作，夏华针对这一状况给他们提供 24 小时的服务，终身免费洗涤，为他们提供管家式的服务。“凯文凯利在中国第一次推出了别无选择的服务模式，只要是凯文凯利的 VIP 客人，我们会别无选择地为他们服务，服务没有界限这样一个概念。”夏华说。

夏华解释，如果大家都卖衣服，那就会面临激烈的价格竞争，就很难做到自己的优势。依文的成功之处就是先别人一步发展，大家都还在卖衣服的时候，依文已经开始做时尚管家，不仅仅是卖单独的衣服，还涉及消费者的衣橱管理，对色彩的分析，风格的塑造，量身定制，每个人都是不一样的。依文服务系统，成为企业的核心竞争力。

夏华的五个品牌经常搞 VIP 活动，有时候她的客人会说，夏总我被依文套牢了。夏华就问为什么。对方说，除了穿“依文”的衣服，他从早上起来用的刷牙的工具、咖啡杯，到晚上用的寝具，每一件他觉得优质美观的东西都是“依文”，他已经无法摆脱“依文”了。

现在，依文拥有 280 万高精准客户，时尚管家服务能够为数百万会员提供一年 365 天全方位、个性化的完美着装方案，而从研发到产品只需要 21 天。

“服装行业的价格是红海，淘宝上永远有更便宜的东西，价格对于目前的消费升级而言，并不是核心要素，产品才是，所谓产品不是单一的，而是服务加体验的产品。你有什么样的产品，决定了你在客户那里是否有定价权。”夏华说。

集合智造

2008 年金融危机后，中国制造业遭遇到经济环境的不利影响。当越来越多的顶级工厂也开始成片地倒下时，夏华有些坐不住了。2016 年，在北京举行的一个论坛上，业内人士纷纷发言，中国服装行业未来，路在何方？

为什么最好的制造工厂在中国，最大的消费群体在中国，但全世界前六位的大服装公司却都不是中国的？为什么中国有全世界最优秀的服装工厂，却只能以微薄利润为他人做嫁衣？如何在全球大环境萧条，出口减弱、风云莫测的市场环境中，让众多优秀企业存活甚至“崛起”？

“如果好工厂都倒掉了，那么好品牌怎么可能独活？”在行业里摸爬滚打几十年，夏华深知今日成就的来之不易。当看到那些曾经的小伙伴一个个倒下，她无比痛心。夏华决定为大家做些什么——“不让中国最好的制造工厂倒掉！”

在移动互联时代，消费者的消费需求和生活态度都在发生改变，品牌企业需要构建与消费者之间的连接关系，并赋予商业新的空间、意义和内涵。这与夏华和她的“集合智造”理念不谋而合。

夏华在诠释集合智造的精神内涵——以“集大成，合众力，智优选，造精品”来精辟勾画出其“互联网＋服装产业”的大蓝图。“我们现在做的都是基于整个产业的整合和共享。‘互联网＋’时代与以往不同的是，所有人不再是一个个孤岛，大家全是连接体、集合体，互动性非常强。”

夏华开始着手打造一个服装产业的生态系统。“不仅仅服务自己，也开始服务全球的品牌，服务全球的时尚创业者。”夏华介绍，这个生态平台下游有几百家工厂，中间有数据化的平台，前端有无数职业销售，最终面向有需求的客户。这种生态模式是开放共享的，不仅仅服务依文这一个品牌，还会服务许多创业者。

“中国有十几亿的人口，那么多好的制造工厂，再嫁接上全球的设计师，完全可以打造一个时尚生态系统。”依文重新整合产业链，重新分配利益，引爆好设计、好产品，努力寻找服装产业的未来。创业者、设计师、网红们去做品牌，依文用供应链、营销战略支持，让人们美好想象中的技术、时尚、生活和艺术完美地结合。

就这样，夏华用链接的方法整合了全球 1200 多位优秀设计师，远

夏华与“依文·中国手工坊”的绣娘在一起

在巴黎、米兰、伦敦的设计成稿，24小时之内就能返到国内，72小时内即成样衣；合作中国最好的170多家为世界名牌、奢侈品牌做代工、制造的工厂，精心制作每一件衣服；深度链接全国500多家门店与网店，拥有了超级强劲的销售引擎……

集合智造的“互联网+”模式，并不是偶然诞生，这与夏华20多年服装产业专精深耕息息相关。“我们愿意成为一束微光，在这一条产业模型上辐射北京以至周边地区更大范围，为中国服装业的转型升级探索经验。”夏华对集合智造产业模型的未来充满信心。

夏华与参加秀梦之旅的Burberry总裁庄贝思爵士交流

社会企业

2000年，夏华作为中国唯一的代表，参加了欧洲举行的全球奢侈品论坛。夏华本以为自己会坐在最前面，结果到了现场才发现，被安排在很靠后的位置。当时夏华心里有些不服气，就走到前面去，看到前面都是上百年的家族品牌，而她在中国创业也只有十几年而已。她对翻译说，在PPT的第一页添加历史介绍，写一个5后面三个0。

于是，夏华走上台的时候，屏幕上就出现了“5000年”，全场一片哗然，人们看着台上的这个小姑娘，议论纷纷。夏华说：“我知道，中国没有5000年的品牌，这个世界上也没有，但我想说，支撑我们做品牌的5000年历史，足以让我挺直腰杆，在这里与大家进行一次关于美学的对话。”全场安静下来了。

从那时起，夏华在奢侈品行业找到了自己的位置，但令她遗憾的是，当时没有办法用一种产品，让中国美学去影响世界。一开始，夏华的思路很简单：就是找手艺人合作，用老祖宗传下来的精美技法，开发独特的产品。当她带领设计师走进贵州的大山里，看到绣娘们因为贫穷，不得不放弃一门手艺，抛家弃子到城市里打工、卖水果……如果这些人都没有饭吃，如何传承所谓的艺术呢？

2003年，夏华开始了她的第二次创业，她成立了“依文·中国手工坊”。但事情没有那么容易，所有第一次创业遇到的问题，在第二次创业过程中都会遇到，团队管理的问题，盈利模式的问题……绣娘们高度分散，没有办法成为一个企业或是一个服装厂，她们必须生活在家里，她们深度个性化……在手工坊最艰难的时候，各种模式都跑不通的时候，夏华也会困惑，她会问自己，真的做对了吗？

事非经过不知难。15年来，中国手工坊的团队穿梭于都市和大山，行走39000公里，找回8000多名绣娘，收录整理5000多种中国传统美学纹样，建成完整的线上数据库系统，建立30多座村寨博物馆、上百个家庭式绣梦工坊，将收录的数据开放给全球美学创造者。中国手工坊签约绣娘 8000 余人， 70% 的绣娘单凭订单月收入能够达到 1500 元以上，优秀绣娘月收入更在万元以上，越来越多的手艺人能够承接订单、改善生活。

“我常对我的团队说，要有一颗公益的心，用商业的手法、艺术的手段去传承中华文化。”夏华说，“当初创立中国手工坊其实是做一个社会企业，不是以盈利为目的，但它的商业化发展很快，去年投入产出比已经开始持平。”

2018 年 8 月 1 日，依文·中国手工坊发起的“深山集市”在北京侨福芳草地正式开集，以蓝染和百褶裙为主视觉元素，还原中国大山深处的赶集氛围，为都市消费者打造体验式消费空间。这样一场深山集市，为手艺人带来近百万的订单，而集市期间，随着消费者的购买、体验和

夏华在北京通州万达广场“深山集市”发言

支持，许多近乎消失的手工技艺被看见、尊重和传承，深山集市引爆了一场现象级的新零售革命。

夏华称之为“心零售”，因为它具备了动机、场景和体验，动机是对中国文化的热爱和内心消费的高尚感，场景就是商场的少数民族服装、用品集市，绣娘现场刺绣，营造了一个独特的赶集购物体验。夏华正在联合各大城市购物中心，通过以“深山淘宝”“畅玩体验式消费”“见人、见物、见生活”为特色的深山集市，为中国大山深处的手工匠人，提供一个依靠手艺改变命运的商业化平台。

夏华认为新零售有一个最大的变化，就是将原来简单的交易价值变成使用价值。以服装设计为例，你的尺寸，你的色彩偏好，你出差的地方造成了服装更换的不同。持续消费其实就是提高客户黏性，要具体分为产品占多大比重、服务占多大比重、体验占多大比重，所以说这不是简单的消费升级，必须真正基于消费者的消费心理去创造模型。

为了推动中国手工艺的全球发展，夏华加快了中国手工坊走出国门的步伐。2016 年 12 月，中国手工坊与英国董事学会主席芭芭拉·贾琦夫人合作，共同推出 B&H 创意平台。这是中国传统手工艺与英国时尚首次品牌合作。2017 年 9 月，夏华带着第二次创业成果来到伦敦，45 套时装、4 个布依族绣娘、一首布依老歌，穿越 9000 英里，时装秀惊艳了英国政商界、时尚界、投资界和媒体界……

谈到中国手工坊的未来发展时，夏华透露了她的“小目标”，第一个是数据库平台，相信会有越来越多设计师参与进来，用这些元素去创意时尚、重新定义时尚；第二，B&H 这个平台让我们看到了国际化的一个模型，相信未来会有很多全球化的 IP、国际渠道与我们合作；第三个是中国手工艺术体验之旅，我们正在联合一些企业家一起发起绣梦基金，共同实现一个宏伟的绣梦计划……

当前，中国正在掀起一场轰轰烈烈的精准扶贫运动，中国还有几千万贫困人口分布在广大的山区和农村。曾经为了改变自己命运下海创业成功的夏华，如今所做的一切是为了改变一群人的命运。这是她从事商业最大的意义和乐趣，也是她最感到骄傲和自豪的事业。

米雯娟／全世界的女校长

文 | 王学良

米雯娟　VIPKID 创始人 &CEO、木兰汇理事

木兰小传

星期天早上 9: 30，宝妈胡楠（化名）接到了 VIPKID 的提醒电话：“家长您好，您有一节外教课马上就要开始了，请帮助小朋友进入教室上课。”

20 分钟之后，5 岁的宝宝端正地坐在小桌子前，打开电脑，盯着屏幕，等着老师上课。老师的出现让宝宝感到兴奋，来自北美的外教笑着跟他打招呼：“Good morning.” 他也奶声奶气地回应：“Good morning, teacher.” 网络另一端的外教始终用很慢的语速引导他，当小孩子在 iPad 上将对应的单词和图像连接起来时，外教会竖起大拇指，用很夸张的语气夸赞他“good job”。25 分钟的课程很快就结束了，但这样的场景每天要在 VIPKID 中上演无数次。

米雯娟是 VIPKID 的创立者，这是一家在线少儿英语教育企业，纯北美外教和自研发教材是它的特色。从 2013 年创立 VIPKID 时起，米雯娟用了 5 年时间将 VIPKID 驯成了一只猛虎，并两次刷新了全球在线教育行业的最高融资纪录。截至 2018 年 9 月，VIPKID 的估值超过 200 亿元人民币，已经是全球最大的在线少儿英语教育机构。著名投资人称 VIPKID 是一家“划时代”的教育公司，创新工场创始人李开复称 VIPKID“有可能成为全世界最伟大的教育公司”。

米雯娟很少在意外界的评价，她只专心于产品和孩子。她的梦想是赋能每一个孩子，使孩子们无论生活在哪里，都能享受到优质的教育资源，成长为有国际竞争力的公民。新技术的发展让她找到了实现梦想的路径。

米雯娟也开始投身教育公益，她希望将优质的英语教育资源带进乡村课堂，让更多的孩子看到大山以外、中国以外的世界。米雯娟表示，未来几年，VIPKID 的优质教育资源和教师培训资源将释放到全国 10000 所农村学校，影响超过 500 万名乡村学生、30 万名乡村教师。

创业艰辛，你是如何长期保持活力的？

米雯娟：少年强则中国强、世界强、未来强。我们会尽最大的努力，只要对孩子去了解更大的世界有所帮助，我们就会去做。这也是我们每天充满活力的源泉。

创业是一个漫长的过程，你是如何理解成长的？

米雯娟：走出舒适区，多一点挑战，多一些勇敢，更多的好奇心，更多的阅读，才能看到更大的世界。如果自己做的事情的方向是对的，那么人生就没有界限，每一刻都在进行自我突破。

“从我的教室里滚出去，你是天底下最烂的学生！”即便已经过去很多年，米雯娟仍然记得那个被老师怒斥的下午。

1997 年，为了接受更加良好的教育，米雯娟离开了河北省一个小城，穿越大半个东北，来到了黑龙江省投亲。十几岁的米雯娟成了某所高中的插班生，期待着在这里开拓新的生活。

然而事与愿违。偏科严重的她热爱英语，为了几盘英语磁带，米雯娟宁愿花掉所有的零用钱。可是上帝并没有给她数学方面的天分，数学老师对她表现出了明显的厌恶感。有一次她在数学课堂上读《科幻世界》杂志，数学老师看到后，愤怒地夺走了杂志，撕成碎片，又摔回她脸上。

米雯娟回忆说：“我喜欢刺激的运动，我从不怕挑战。但是老师是我唯一的梦魇，每几年就要让我痛苦一次。”

她辍学了，并以十分倔强的姿态回击了家里所有人的反对。正如她在 2018 年中国木兰年会上所说：“如果说有什么信念是让我受益最多的，那就是永远不要让环境、规则和偏见决定你应该如何选择人生之路，最重要的是遵从自己内心的价值。”

2013 年，米雯娟创立 VIPKID，初衷很简单：“顾名思义，我希望每个孩子都能成为 VIP。”怒斥她的数学老师或许不会想到，这个被她称为“天底下最烂”的学生将会缔造传奇。从决定进入在线教育市场，到艰难、不受信任的早期融资，再到所向披靡地“攻城掠地”……VIPKID 的发展历程是这个时代教育方式变革的最佳缩影，它所打破的并不仅仅是语言和国界的藩篱，更是横亘在新技术与传统教育之间的鸿沟。

如今，VIPKID 已经是全球最大的在线少儿英语教育机构，其业务覆盖 63 个国家和地区，平台外教超过 6 万人，付费学员超过 50 万人。VIPKID 的发展速度始终超过投资人预期，米雯娟甚至被云锋基金的执行董事称作“不睡觉的 CEO”。曾有投资人劝米雯娟别着急，不用把自己逼得那么紧，但米雯娟有自己的节奏。“我热爱教育，梦想用优质的、个性化的教育启迪孩子不一样的人生。如果满分是 100 分，我们可能只做了 1 分，离 100 分还有很远。”

走向线上

在亲身体验到教师对孩子的巨大影响后，18 岁的米雯娟以联合创始人的身份加入了舅舅创办的线下幼儿英语教育机构——ABC 英语。“我做过老师、校长、后勤主任，还在路上发过传单，睡过地铺，还负责过送饭。”用了 9 年时间，这家企业成了北京市场排名前列的幼儿英语教育机构，走上了平稳生长的轨道。

但米雯娟变得越来越焦虑。“守着这家线下学校一辈子，根本就不是我的梦想，作为一个老师，一个创业者，我远远没有做到最好。”在一次跳伞时，米雯娟从 4000 米的高空向下俯瞰，她突然意识到天空才是人的极限，而人永远不要给自己设限。在同事们忙着打高尔夫、开豪

车的时候，米雯娟自考了专科、本科、GMAT。2010 年，她又申请上了长江商学院的 MBA。

长江商学院的学习生涯是她创业历程的一个转折点，米雯娟开始系统反思线下教育的得失，也开始重新思考教育的本质。在读商学院的同时，她依然保持着高强度的工作节奏，早上 7 点起来健身、工作，9 点开始上课，中午也要挤出午餐和午休时间来处理公司事务，下午下课后再继续工作到深夜。她很喜欢没有间歇的奋斗节奏和对生理极限的挑战，那种忙到飞起的感觉给她极大的满足感。

但是逐渐进入舒适区的 ABC 英语不再有创新的动力。在理念上，米雯娟和舅舅也产生了冲突：舅舅不希望外来资本进入，担心失去控制权。长江商学院副院长刘劲教授对她说："你既然有这么多的困惑，为什么不去创造一个新东西呢？我对你有信心，你应该去做。"

2013 年，而立之年的米雯娟带着十多年的教育经验再次创业，她希望把优质的国际教育资源带给中国孩子，也希望用游戏化的方式重塑学习流程。彼时她的办公室只有几平方米，空间虽然逼仄，但她的梦想有无限大："我相信，互联网和商业的力量能够让我触及教育的本质：帮助每一个孩子快乐成长。"

VIPKID 创建之前，在线少儿英语教育是一片处女地，而且国内的少儿英语教育都只在本土招聘外教，好的资源供不应求。米雯娟想要让所有的中国孩子都能接受纯正的英语教育，其方法是通过互联网汇聚优秀的北美教师资源，通过线上直播让北美老师一对一地指导中国学生学英语，其模式可以简单理解为在线教育行业的 Uber[1]。

这在当时是完全颠覆传统的新模式。在米雯娟看来，从线下到线上，并不是简单照搬课堂模式，互联网对教育的最大颠覆，一是因材施教，二是快乐学习。

可好几个月过去，米雯娟只招到了 4 个学生，其中三个还是关系户——天使投资方高管的孩子。几乎每一天，米雯娟都会收到批评以及反对的声音，这些声音有的来自家长，有的来自米雯娟最亲密的人，他们会说"孩子不可能在线上学习"，"找不到那么多好的外国老师"，或者干脆就是"这个事情根本行不通"。

投资机构也并不看好这种模式，米雯娟找了很多投资人，其中大部分会直接拒绝她："这个好像行不通，我不能投给你。"还有投资人聊着聊着就说突然有事，然后不见人影。

米雯娟坚信"大家不认可的东西，不一定就是错的"，可仍然不可避免地有一些沮丧。

---

1 Uber（Uber Technologies,Inc.）中文译作"优步"，是美国硅谷的科技公司开发的全球第一款即时用车软件。

她问合伙人陈媛："为什么那么多人反对，你还愿意和我一起去做这件事？"陈媛回答她："你在说起这个事情的时候，眼睛里有遮掩不住的光芒，让我觉得这件事情那么美好，我们就算是做不成，也会留下一些东西，改变一些东西。"

米雯娟意识到团队的初心没有变，她开始沉下心来做产品。凭借一股韧劲儿，她从 skype 上一个一个招募北美老师，在未向市场推广的情况下，VIPKID 每个月都能新增几位用户。2014 年 10 月，VIPKID 迎来了第 40 位用户，在这 40 个用户中，有 28 个选择续费，而且续费的人还在增加。

经纬中国创始人张颖发现了 VIPKID 的潜力，"它的收费并不低，但却取得了这么高的续费率，证明 VIPKID 的产品和服务已经得到用户的肯定，如果它快速爆发，会是什么力量？"一番波折之后，VIPKID 终于获得了 500 万美元的 A 轮融资，如果这轮融资迟到一两个月，公司的现金流就会断裂。

直到 2015 年的 3 月份，VIPKID 才正式推向市场。从创立公司到 2015 年 3 月，将近一年半的时间里，VIPKID 主要做了三件事：一是研发适合线上、适合中国学生的课程体系；二是探索如何构建教师体系，包括如何找老师、如何服务老师等；三是不断提升技术支持能力，要保障隔着太平洋的师生之间可以顺畅交流。

VIPKID 的课程体系算是一个"异类"，和中国人熟悉的教育培训行业相比，它并不以应试为导向，教授重点也并不是语言技巧。VIPKID 外教所起到的作用更像是对孩子进行多元文化的启蒙，语言能力的提升只是附加结果，对素质教育的执着让米雯娟愿意花更多的时间和精力打磨产品。"不求快，但求好。可以慢一点，但是每个点都要绝对扎实。"米雯娟说。

口碑杠杆

一次特殊的机缘，VIPKID 开始出现在大众的视野中。

2014 年年末，一个微博红人的孩子试听了 VIPKID 的课程，她和孩子都喜欢，就将孩子跟老师互动的截图发在了微博上。该博主有 20 多万粉丝，在她的推介下，一周内几千名家长向 VIPKID 打来电话。米雯娟笑着回忆："当时整个公司就慌了，我们一共就十几二十个人，接不了那么多电话，很多家长就到微博上和微信公众号上留言，怪我们不接电话。"

业务的爆发式增长对团队造成了巨大的压力，米雯娟每天至少用三分之一的时间用来找人。为了找到合适的人才，三顾茅庐的事儿她不知干了多少次。

她强调志同道合。"一起创业会面临很多挑战和困难，最简单的一点，就是要像兄弟一样，无兄弟，不创业。有共同的目标和价值观，我们就能一起把事情做好。"在解决团队问题的同时，VIPKID 的用户数开始迅速增长，年底达到 6000 人。2015 年 5 月开始，营收也以 30% 的速度飙升，米雯娟意识到自己对产品的打磨见效了。

最开始，米雯娟对是否要大规模投放广告感到犹豫：一方面，市场上的在线教育企业都在采取这种宣传方式；另一方面，又有很多人对她说"投广告的转化率其实并不高"。

米雯娟想到了一条新思路——能不能有一半以上的新用户都是老用户推荐来的？如果可以，这会是一种最低成本的获客手段；如果不可以，说明产品还不能让用户满意，也就没有再投放广告的必要。

罗振宇曾提出一个概念叫作"超级用户思维"，并将 VIPKID 作为典型案例。米雯娟也是这一理念的信奉者，她的理解是，不追求所谓的流量，不去盲目扩张，而是沉住气用心打磨产品，一直围绕着身边的用户，为他们提供最好的服务。通过良好的口碑产生杠杆效应，从而赢得更多的用户。

VIPKID 的外籍教师

但是每当米雯娟和别人提起 VIPKID 的口碑传播时，总会被人质疑："靠口碑能产生这么大的增幅？"米雯娟也总会回答说："只有靠口碑传播才能有这么大的增幅。"

现在，VIPKID 已经拥有超过 50 万名学员。官方数据显示，VIPKID 有 70% 左右的新用户是由老用户推荐而来。在一次活动上，前中央电视台主持人张泉灵告诉米雯娟："我都给你带来两百多个学生了。"中国的小学也都会要求家长建立微信群，方便布置作业，这也为 VIPKID 的口碑传播提供了便利条件，按照 VIPKID 的优惠活动，老用户推荐新用户之后能获赠免费课程。

为了保证新用户能够毫无顾虑地使用产品，VIPKID 允许用户在上满 12 节课之前退课。令人称奇的是，并没有多少用户选择退课，优质的课程体系当然是头等功，但其中也有“信任”的功劳。“你真正让家长退课的时候，他们反而不会退。当你把信任表达出来的时候，用户也会信任你，家长会把我们当成合作伙伴，主动去宣传我们的产品，分享心得。”米雯娟略显得意地说。

口碑带来的一个意外收获是，很多用户也成了 VIPKID 的投资人，VIPKID 的 B、C 轮投资者几乎都是小朋友的家长。米雯娟介绍说：“有位投资人的宝宝很讨厌英语，在上完我们的试听课后，小朋友闹着说我要上课。他爸爸之后就成了我们的投资者。当产品好的时候，所有用你产品的人都成为你的产品传播大使。”

在教师的招聘过程中，口碑效应也起到了重要的作用。

VIPKID 平台上的外教数量也存在着一个“指数爆炸”的过程。2015 年年初，平台上只有几十个北美教师，2017 年才开始超过 1 万，到 2018 年已经超过 6 万。现在，每个月都有超过 8 万名外教在 VIPKID 的平台上应聘工作。

想要找到 VIPKID 上这群北美外教非常简单，他们常年活跃在 Facebook 以及 Twitter 上，他们中的很多人喜欢在昵称里加上“VIPKID”字样，喜欢在社交媒体上分享自己的感动以及教学心得。

VIPKID 官网上明确写着对外教的要求：必须来自北美，口音纯正，拥有 ESL[1] 教学经验。可能与自身经历相关，谈到教师的选拔时，米雯娟的神情非常严肃：“VIPKID 教师录取率低于 5%，因为老师即产品，他们既能成就一个学生，也能够毁掉一个学生，所以 VIPKID 一定要挑选到最好的老师。”

米雯娟在一次演讲中提到，美国乡村教师的收入并不高，一个月大

1 ESL（English as a Second Language，以英语为第二语言 / 外语）是针对母语非英语并把英语作为第二语言的语言学习者的专业英文课程，是外国学生申请美国大学所必修的一门语言课程。

概在 3000 美元左右，对于一些家庭来说，需要一份兼职来补贴家用。而 VIPKID 可以让这些老师多出 50% 甚至一倍的收入。

为了能够与老师们保持充分的沟通，米雯娟的 Linkedin 和 Facebook、twitter，基本上成了收集老师们求助和批评的渠道。“老师们会觉得我是他们的代表，就像是工会主席一样，有什么事情都会直接来找我。”

2017 年，一位北美教师给米雯娟写了一封感谢信，说 VIPKID 挽救了她的生活。老师家里有三个小孩，丈夫是一名军人，她被迫在家全职带孩子，一家人经济压力很大。后来，她申请成为 VIPKID 外教，一年多后，她还清了 7 年前的学生贷款，买了一辆新车，甚至还有点余钱供一家人出去旅行。在信里，她感激 VIPKID 给她的生活带来的改变，并称“VIPKID 是上帝对我们呼声的回应”。

“在老师们对 VIPKID 有了更高的认同感和归属感之后，他们会积极地在自己的生活中和社交平台去传播我们的口碑。”这种口碑效应带来的结果是，目前 VIPKID 的北美老师中，70% 以上来自于相互间的推荐和介绍。

从不设限

掌控一家发展极为迅速的企业，米雯娟有着令人惊叹的节奏感，VIPKID 每一年都有十分鲜明的基调。如果说 2014 年是产品打磨之年，2015 年是崭露头角之年，2016 年就是奠定市场霸主地位的一年。这一年，国内很多企业进入到在线 1 对 1 少儿英语市场，VIPKID 的应对策略是，集中全部力量，迅速成为行业第一。第一是多方面的，包括学生数量、品质、投资人的心理印象，等等。

2016 年，VIPKID 全年营收达到 10 亿，占国内同行业总营收的 50% 以上。VIPKID 如愿以偿。

这年 8 月，VIPKID 获得 NBA 巨星科比・布莱恩特战略投资，这是科比首次投资教育类公司。他在接受《洛杉矶时报》采访时表示，决定投资 VIPKID，自己只用了 5 分钟时间。“这样的企业可遇不可求，我们找的就是能为社会创造真正价值、能够通过教育帮助孩子更好地成长和发展的公司。”

得到科比的支持让米雯娟非常欢喜，“我和他非常有共鸣，当我说我要改变孩子未来学习方式的时候，他觉得太棒了，我俩有很多想法都特别接近。”至于为什么要引进 Bryant Stibel 基金[1]，米雯娟毫不讳言：“科比在美国乃至全球有非常广泛的影响力，这对 VIPKID 的国际化部署是非常关键的一步。”

2017 年，VIPKID 继续高歌猛进，全年营收超过 50 亿元，俨然是全球最大的在线少儿英语教育公司，美国媒体认为 VIPKID 正在改变全球教育行业的未来，日本媒体认为 VIPKID 将拯救日本的英语教育。

这一年，VIPKID 的 D 轮融资敲定，金额为 2 亿美元，刷新了全球在线教育领域的最高融资纪录。就在 D 轮融资的发布会上，VIPKID 正式揭幕了在线少儿中文学习平台 Lingo Bus，为全球有中文学习需求的孩子连接国内最优质的中文老师，这标志着 VIPKID 的业务不再是单纯的“引进来”，“走出去”也在紧锣密鼓地进行。VIPKID 正加速从单一爆款产品公司向多产品线综合性公司进化，这是一家公司从小到大的必经之路。

就在前不久，这个非常低调、极少对外发声的 Lingo Bus 团队在 VIPKID 总部庆祝了一周年生日，活动室里摆满了香槟、水果、蛋糕，气氛异常轻松。当前 Lingo Bus 有超过 11000 名注册用户，这些用户来自 73 个国家和地区，它已经是海外最热门的少儿中文教育平台。

VIPKID 的突飞猛进离不开米雯娟的格局意识。米雯娟认为，在线教育行业正处在爆发的前夜，有点像 2000 年左右的中国电商行业，而

1 NBA 球星科比·布莱恩特（Kobe Bryant）和资深企业家与投资人杰夫·斯蒂贝尔（Jeff Stibel）共同投资 1 亿美元成立的风投基金。

2018 年 8 月，在美国得克萨斯州达拉斯的乔治·布什总统图书馆暨博物馆，米雯娟与前第一夫人劳拉·布什共话教育未来

格局和视野是决定企业发展最重要的因素。

米雯娟说她从来不给自己设限，在她看来正是各种自我设限阻碍了成长。在创建 VIPKID 的时候，VIPKID 的目光只是锁定在国内的 K12[1] 教育，在这个限制之下讨论市场有多大，但不久她就把目光延展到了全世界。还有一个有趣的例子是，她从 2017 年开始练习做俯卧撑，开始一个都做不了，每天坚持，最近突然发现一口气可以做 80 个。她相信天空才是人的极限，而她要做的，就是“脚踏实地，仰望星空”。

2018 年，在又一次刷新全球在线教育行业融资纪录——5 亿美元之后，VIPKID 推出“V+ 战略”。之所以融资，是因为“VIPKID 要从一家主要专注于中国少儿的在线英语教育提供商，升级为面向全球青少儿的一家提供一站式英语学习方案的服务商。”

从专注于少儿，到全面覆盖 0 ~ 18 岁的青少儿，VIPKID 为此建立了六个品牌，除被大众熟知的 VIPKID、Lingo Bus 外，其余四个大都是新品牌。“自由星球”主要面向 0 ~ 4 岁的儿童，主打低幼亲子陪伴式英语教育；“跟大熊玩英语”主要针对 3 ~ 6 岁儿童，为中国家庭提供基于社群生态的英语启蒙方案；“SayABC”则为 5 ~ 12 岁儿童提供 1 对 4 小班课服务，注册用户已经超过 30 万人；刚刚推出的“VIP 蜂校”则是中国为数不多的中外双师同屏的在线青少英语课堂，为 9 ~ 15 岁的青少年提供大班课教学服务。

米雯娟介绍说，在未来三年，VIPKID 将会在全球 10 个重要的支点城市开设办公室，将教育服务覆盖到 100 个国家。“我相信自己的使命，就是不辜负这个好时代，把全新的、最好的教育给到世界上的每个孩子，让他们都能去选择一个不设限的人生。”米雯娟的眼神像是为梦想而燃烧的火焰。

1 K12，教育类专用名词（kindergarten through twelfth grade），是学前教育至高中教育的缩写，现在普遍被用来代指基础教育。

“新教育”

在员工眼中，米雯娟的确是一个“为梦想而燃烧”的人，她是一个十足的工作狂，每天只睡 4 小时，这沿袭了她一如既往的风格。VIPKID 一位高管笑着说“对她而言工作即娱乐”，其实在 VIPKID 团队中，像米雯娟这样的工作狂大有人在，工作会使他们感到愉悦。几乎每一个采访者都会问到这样的一个问题：“你的团队怎么就像打了鸡血一样？”米雯娟会礼貌地笑一笑表示理解，然后说：“我们没有鸡血，但我们有梦想。”

有一次米雯娟邀请外部公司来做一次团队调查，该公司设置的问题是：“你为什么来 VIPKID？你期待的工作有什么？你觉得 VIPKID 有什么？”统计之后发现，员工关注的排名前三分别是：愿景、对世界的影响力、挑战。

问卷调查机构对这样的答案感到惊讶，问卷调查者说：“我们头一次碰到这样的调查结果，以前这样的结果更多是出现在非营利组织里。”米雯娟却并不觉得惊讶：“我觉得之所以有这样的答案，是因为我们的团队真心认可教育这件事情，大家都特别关注孩子的学习成长。”

闫女士是 VIPKID 的一名管理人员，加入的时间并不长，但团队的氛围让她沉醉。“米总有一种特别的感召力，那种对教育、对孩子的热爱让我觉得特别纯粹，作为一个孩子的妈妈，这就是我梦寐以求的工作。”

工作狂也可以极具亲和力，米雯娟常常出现在朝阳体育中心，和公司同事一起踢足球，同场的大部分是男生。“我喜欢踢前锋，我很享受射门时的那种快感。”米雯娟边做热身运动边说。可能是多年的少儿教学经验所致，她身上总散发着一种“孩子王”的热情和活力。

现在这位“孩子王”和她的团队有了新的“梦想”，即“新教育”，米雯娟希望通过新教育来变革全球 K12 行业教育现状。“新教育”一言以蔽之，即技术驱动的素质教育，这是 VIPKID 始终追求的目标，如今更加明确。米雯娟认为新技术的诞生和成长会让真正的“因材施教”成为可能，这次机遇在历史上绝无仅有，借助人工智能技术，VIPKID可以为孩子提供更为个性化的教育。

“两千多年前，孔子就提出了因材施教。理想的教育一定是以学生为中心的个性化教育，从孩子最感兴趣的内容入手，给每个孩子设定最适合的学习进度、学习路径、学习方式、学习反馈，老师也不再是权威的象征，而是一种共同成长的伙伴关系。”米雯娟如是说。

从教育方式来看，VIPKID可以通过数据化和智能化的技术，为小朋友设计更为有趣的场景，“在讲到某个单词的时候，会有一个场景体现，让小朋友的学习场景更加愉快。”在教学过程中，VIPKID也会捕捉学生的面部表情并分析他们的上课情绪，这有助于帮助教师调整教学方式。2018年8月，VIPKID宣布与微软达成战略合作，这将使VIPKID在人工智能技术的应用上更进一步。

除了对技术的强调之外，新教育的另一个核心是“一切以孩子为中心”，米雯娟对“让孩子享有更优质教育”这件事非常痴迷，“我要捍卫孩子的每一堂课”，米雯娟说。

随着这个天生具有国际化基因的企业腾飞，越来越多的“抄袭者”如雨后春笋般出现，米雯娟表示“喜闻乐见”，并连用了好几个“特别”。“我特别开心地看到今天出现了‘copy from China’，我特别希望行业里的其他选手能够把服务做好，能够让更多的家长接受这样的学习方式，我也特别期待有一个好的行业氛围，这样对每一家的发展都是最棒的。”

刘文静／瞄准强生

文 | 郭立琦

刘文静　蓝帆医疗股份有限公司董事长、木兰汇理事

木兰小传

刘文静偏爱黑白灰，很多重要场合她都会穿一身干练的黑色西装出席，给人距离感，但她本人并不强势，反而相处起来让人很放松，像一个自己身边的知心朋友，让你忘记她是掌管着一家百亿市值企业的“女强人”。她待人的真诚、柔和与她做事的果敢、果决形成一种吸引人的反差感，如静水深流，厚积薄发。

1993 年毕业后分配到齐鲁石化公司的第一天，刘文静就决心要做点实实在在的事情。2003 年，做为蓝帆医疗创始人，由此开启了创业之路。公司一路快速发展，成立的第七年成功在 A 股上市，成立第十年位列全球 PVC 手套市场第一。

2014 年，公司由蓝帆股份改名蓝帆医疗，正式向高端医疗器械行业转型。刘文静带领团队着手投资、并购，接下来经历了两年过山车般的动荡期，走了弯路也摔了跟头。到 2016 年，刘文静率领团队重新梳理了企业战略，确立了“A+X”战略，开启打造“中国强生”的二次创业之路。

2017 年，刘文静牵头启动新加坡柏盛国际集团收购案，历经一年时间，获得了中国证监会通过，成为 A 股历史上最大、最复杂的医疗器械公司跨国收购案例。

创业艰辛，你是如何长期保持活力的？

刘文静：首先是你正在做的事情是不是自己真正喜欢的，这一点很重要。就像我刚工作时，日子也挺舒服，但不是我想做的，所以觉得特别痛苦。另外就是，读书和锻炼，我从大量的阅读中不仅得到了精神的休息，也收获了很多感悟。

创业是一个漫长的过程，你是如何理解成长的？

刘文静：生长就是一个认知自我、认知环境，通过不断学习迭代成长的过程。企业家有时还是缺少持续学习的意愿，尤其是成功以后容易路径依赖不愿做出改变。我希望把别人当作自己的一面镜子，学习他们的成功，更要学习他们的失败。

2018年3月28日，蓝帆医疗股份有限公司（以下简称“蓝帆医疗”）以58.95亿人民币间接收购新加坡柏盛国际集团93.37%股权事项获得中国证监会通过，成为A股历史上最大、最复杂的跨国收购医疗器械公司案例。一时间，蓝帆医疗及董事长刘文静被推到了聚光灯下。

人们才发现，原来偏居一隅、组建15年的蓝帆医疗早已是全球PVC手套的行业老大，占有全球超过20%的市场份额，其所属蓝帆集团的增塑剂及相关系列产品，也已达到百万吨/年的生产规模，稳居行业龙头。如今，随着柏盛国际集团收购案的顺利完成，蓝帆医疗高起点进入医疗器械领域，并向1000亿人民币市值的目标迈进。

业绩可谓耀眼，但刘文静知道，路还很长，她的目标是做“中国的强生”。

自找苦吃

刘文静的创业故事可以用四个字概括：自找苦吃。

1993年大学毕业分配到齐鲁石化增塑剂厂成为生产一线的员工，也算是“体制内”的人了，压力不大，工作不忙，但她闲得痛苦，身边人都不理解这种“悠闲的痛苦”。回顾初入职场的那段时间，刘文静很感慨，那时齐鲁石化还是计划经济的管理模式，加上复杂的人员和部门关系，再多抱负和能量都无处释放。“当时没什么明确的目标，只知道生活不能这么被荒废掉。”刘文静说，大概是天性使然，自己停不下来更闲不下来。

别人的产假都在“养”，刘文静则是中午时间孩子刚入睡，就到楼下的电脑班学习，五笔打字法就是那个时候硬啃下来的，每天抱着孩子在公园步行4小时，刻苦恢复身材和体能。等产假结束回来上班时，刘文静不仅升级当了母亲，还同步给自己充好了电。

可齐鲁增塑剂公司依然在原有模式中沉沦，到1998年不但没好转，反而每况愈下，连续两年亏损。就在这个关口，现任蓝帆集团董事长李振平被委派来着手改革，这让刘文静看到了一丝曙光，20多岁的她不管不顾直接就找到新领导谈判：“企业现状这个情况肯定不行，我调研了一个项目，如果给我投资我就继续干，不投资我就辞职了。”

真是初生牛犊不怕虎，但却给李振平留下了深刻的印象，“这个年轻人不错，有闯劲。”之后请管理咨询公司来做全员评估，刘文静脱颖而出，被选拔到信息部，研究国内外行业形势，后又去发展部，开始项目考察。但因为当时国有企业的体制限制，几年下来虽然公司规模和业绩做上来了，但考察的项目都因为是跨出增塑剂行业而不能投资，后公司成立证券部推动公司上市也没成功。时间一晃已经到了2002年。

这一年，有了一个千载难逢的机会，当地政府允许齐鲁石化内部人出来办企业。正好之前考察过不少项目，有所准备便很快确定了方向，李振平带领干部职工筹集了700万元，时不我待马上注册公司、立项、买地、建厂……2002 年 12 月底，蓝帆股份有限公司正式成立，刘文静被任命为营销部部长。很快第一批 PVC 手套生产出来，但因为彼时市场还未形成，产品在国内根本卖不出去，只能海外突围，刘文静又是一马当先冲在前面。她说自己当年的勇敢属于“无知者无畏”，就这么蒙眼狂奔，竟也杀出一条血路。

最开始是大海捞针，刘文静带人从网上搜索 PVC 手套的相关信息，从中寻找到目标客户，接着写邮件给对方，自己则每天半夜起来查邮件，但绝大部分邮件石沉大海，极少数有回复。

邮件不行就打电话。每天晚上，刘文静就留在公司打国际长途，结果是别人听不懂她说什么，她也听不懂对方说什么。电话还是不行，那就出国面对面交流。于是，英文还说不顺的刘文静开始出国做生意了。“没秘诀，就是死磕。”

期间，她跟人拍过桌子，也被人撕过名片，都是因为涉及了“诚信”这个底线。刘文静回忆道，“一次在迪拜参展，有个迪拜王子带着随从很傲慢地说：‘你们不是工厂，是经销商。’我说我们是工厂。他就说：‘你们中国人都不诚实，明明是经销商都说自己是工厂。’我一听就火了，跟他说：‘请你离开，不要浪费我的时间。诚信是我们的名字，我们不和不尊重我们的人做生意。’对方没说话但脸色变了，打听知道我们确实是工厂后在最后一天又来了，我看他是来和解的便说：‘不打不相识，我请你喝咖啡。’”直到今天，刘文静和他还是好朋友。

开拓国际市场，语言并不是最大障碍，跟行业相关的单词也就那么多，多学多练也就掌握了。难的是，如何让对方相信你，尤其在你还是一个不知名的小企业时。

刘文静换位思考：“道理不难，无非是你希望别人如何对待自己，就如何对待别人。”刘文静于是拿出百分百诚意，让自己成为蓝帆医疗的活标签。很多年后，她还记得 2004 年时一位加拿大客户对她说：“你这个人很特别，你好像是把整个公司的使命背在自己肩上。”这是刘文

2005年公司迎来第一次国外客户审核

静第一次听到“使命”这个词。

成立4年后的2007年，蓝帆医疗实现销售收入6000万美元，跻身全球市场占有率前十；2010年成功上市，是山东省最年轻的上市公司；2013年，成立10年的蓝帆成为PVC手套市场的全球老大。

一切都很顺利，为什么不松口气呢？在刘文静的意识中，越是顺利的时候就越是危机快来的时候。事实确实如此。

蓝帆医疗经营的是传统产业，技术壁垒和行业附加值不高，且这么多年发展模式主要为内涵式增长，一旦做到行业老大，也就意味着未来的线性增长空间已经很有限了。

2013年，刘文静征得董事会同意，做出原有产业不再扩张、不进行重复性规模性投资的决定，与此同时，着手开始整个蓝帆医疗的转型升级。

2014年，转型全面启动，不同于一般的升级改造，此次蓝帆医疗是要从商业基因上进行全新嫁接。为能全力聚焦，公司将化工原料部分剥离出去，将“蓝帆股份”更名为“蓝帆医疗”，用刘文静的话说“就是要堵死自己的退路”。

为进入医疗器械行业，实现蓝帆医疗从低值耗材向高值耗材的转型升级，刘文静又一次将自己扔进了未知、充满不确定性的领域，表面看似顺风顺水，其实更多是背后的挣扎和内心的曲折。此时的她更加深刻懂得了“使命”两个字背后的含义。

自我否定

转型开始后，蓝帆医疗最先选择了人工肾（也叫肾透析、血液透析）作为赛道，肾透析要依靠仪器进行血液体外循环，有一定危险性，对仪器要求高，属于高端医疗器械，符合蓝帆医疗的转型方向。选定后刘文静带领团队开始投资、并购，从自动腹膜透析机到血透中心，一年多的时间，投资并筹划布局除了透析液之外全产业链，而且还是国内国外双

2009 年，分公司建设选址

线并进。

但这一次布局，刘文静越走越觉得“像骑着自行车进了沼泽地，根本跑不起来”。其实，2014 年前后，血透中心的国内市场还未放开，很多政策不明朗，但作为“圈外人”的蓝帆医疗却拉长战线，将资产布得很宽，尤其转型期的蓝帆，投资的多以创业期企业为主，不确定性更大。再不刹车，蓝帆医疗在这个航线上将陷入消耗战，这不是开辟一个新蓝海的战略初衷。

于是，刘文静决定全盘退出这个新进入的领域，当时希望一边卖掉血透这块，一边找到新的资产无缝对接，维护企业在资本市场上的形象。“天天疯狂去谈项目，每天都在煎熬中挣扎，”刘文静感慨，“2015年股市大跌，资本市场风向大变，我们作为其中还不错的资产，顺利出售了血透那部分，同时，待售资产要价都异常高，让我们没有在当时急切的心情下买入不良资产。真是侥幸脱险。”

但从外界看来却是蓝帆医疗有勇有谋——果断布局，发现问题，果断收手，最后漂亮离场。刘文静自己知道走了多险的一步，开始深刻反省。

她事后总结说，从业务层面看，选择高端医疗器械的战略和路径没有错，但细分赛道选错了，而且还在错误上猛进了一段。同时，对行业内的信息洞察不足、资本运作能力不强，在投资并购上决策不科学。她还意识到一点，就是术业有专攻，企业越往后发展就越不能靠个人英雄主义披荆斩棘。

从个人层面看，创业以来，快速发展、上市、成为行业老大一气呵成，刘文静承认自己有些自我感觉良好和膨胀了，开始骄傲和强势。“还有就是轻视对手，会轻视是基于之前成功的光环，想用过去的成功套当下，这一套就违背了该领域创业的逻辑，导致在血透析项目上走得太过激进。”

刘文静后来说：“那段时间的反省真的是把自己按在地上踩。”事后她想明白了：首先要静下来，这个时代不存在“这轮机会抓不到，机会就没了”的问题，并且要不断去发现柔软的力量、理性的力量。在2009年读完了长江商学院EMBA后，2014年刘文静又开始在清华大学五道口金融学院EMBA的学习。

说起这两段求学经历，刘文静眼里放光，用了“如饥似渴”“不识肉味”来形容自己当时的感受。“当时有门课是黄海洲讲《全球金融系

2009年刘文静从长江商学院毕业

蓝帆医疗收购柏盛国际集团签约仪式

统》，都是我之前不系统了解的内容，课程结束后，我就整理出了一个60多页的学习笔记。”如今，她整理的这份笔记是学院的辅助教材。

自我调整后，刘文静对蓝帆医疗的转型战略重新做了梳理。在“A+X战略”中，A代表的医疗防护领域，要由全球PVC手套大王拓展进化为中国医疗防护领域领军企业，代表医疗器械的X必须聚焦在心内、骨科、外科、体外诊断和糖尿这排行前五的细分领域。投资、并购的资产必须是平台型、管理规范的企业，并且在文化理念价值观上彼此一致，双方团队要能志同道合。最后，就是用开放、包容的心态，承认自己在资本领域的短板，找专业的团队来做专业的事。

“只要不符合这些标准，就绝不考虑。”标准一定，心里就不慌，也不急了。2016年8月，反复甄选后，蓝帆医疗与北京的一支专业团队共同创建了“蓝帆巨擘并购基金”，并转让上市公司3500万股使之成为第三大股东，以形成更大合力来共同推进优质资本的寻找。与此同时，刘文静沉下心来，回过身来用大量精力专注深耕原有健康防护领域，扩展医疗防护产业链。而今，蓝帆医疗的大防护产品广泛应用在医疗检查、科研开发、电子加工以及食品等领域。“我们有款吃小龙虾用的塑料手套，卖得特别火。”蓝帆医疗的一位员工在介绍自家产品时特别提到了一款白家的“网红”产品。

并购升级

万事俱备则水到渠成。

2017年2月，中信产业基金启动了新加坡柏盛国际集团资产的出售。该集团成立于1990年，主要从事心脏支架及相关产品的研发、生产及销售，旗下产品销往90多个国家和地区，是全球排名第四的高端医疗器械类企业。出售消息一出，马上有30多个A股医疗上市公司竞标，其中不乏业内知名企业。

此时的蓝帆医疗，虽是PVC手套行业的全球第一，但市值和净利润均不如柏盛国际集团，且要通过跨境 LBO（杠杆收购）的方式，并购的困难度和复杂性都极高，被业内称为“蛇吞象”。但刘文静知道，为了未来的发展这一步必须要走，因为对蓝帆医疗来说，仅凭自身内力短期内要进入高技术、高研发领域，既不现实又成本极高。

更何况老龄化是一个全球性趋势，中国尤其如此，未来中国的心脏支架需求将持续走高，市场空间巨大。从行业历史看，目前医疗器械领域的巨头，也无一不是通过并购实现自我壮大的。刘文静认为，此时的蓝帆医疗一方面发展势头良好，另一方面又嫁接专业团队，拿到了资本市场的船票，具备了“吞象”的实力。

不出所料，中信产业基金的橄榄枝最终递给了蓝帆医疗。2017 年 4 月开始参与这个项目竞争，7 月蓝帆医疗停牌正式启动并购交易；2018 年 1 月复牌，3 月顺利过会，8 月底，完成了 19 亿人民币配套融资，9 月 13 日完成了董事会换届和组织架构的全面调整。

整个并购过程一气呵成。这种规模的并购案，双方看重的不光是各种定量指标，更看重定性的维度。“最核心的就是大家的理念、文化和价值观是否一致。”刘文静说，最终双方能走到一起，必然是各方面都很契合，蓝帆 + 柏盛的“新蓝帆”是双方共同的奋斗目标。

“今天的这个跨国并购如果换成 2014 年的我们，估计就没戏了。”刘文静笑说。那时蓝帆医疗还是资本市场的小学生，她这个班长却还自我感觉良好。倒是吃了苦头，否定了那个骄傲的自我后，才懂得拥抱外力，理性迭代。就像老子说的，一生二、二生三、三生万物。

中国强生

“蓝帆医疗是要对标美国强生，做中国的强生吗？”成功并购柏盛国际集团后，刘文静时常被媒体问到这个问题。

刘文静认为，15 岁的蓝帆医疗肯定还无法跟历史悠久的强生公司对标，提出“中国强生”是基于蓝帆医疗面向的是中国这个全球最大的

刘文静（前排右二）与并购后新任的董事、监事及高级管理人员的合影

市场，这个市场的医疗大健康需求还没到井喷的时候，对中低值耗材有很大的需求，也缺少一个品牌服务这个市场；另外，面对国内国际市场，必须要高科技驱动，通过高值耗材产业占领金字塔。这种双线发展模式跟强生公司类似，“就像强生除了高端器械外，也有大家耳熟能详的防护类产品，比如邦迪创可贴、李施德林漱口水等。”

提出“中国强生”，也代表着蓝帆医疗的雄心，就是要成长为一个百年品牌。但这个定位其实与柏盛国际集团最开始的设想并不一致。

并购后打造千亿市值，做中国医疗器械领军企业，这个中期目标双方一拍即合。但对于远期目标，对方一开始的设计是打造“中国的美敦力”。美敦力是目前全球排名前三的医疗科技公司，市值超过 6000 亿人民币，从柏盛国际集团的角度，美敦力这种强技术导向型、重海外市场的模式更契合自身，但蓝帆医疗不论从自身基因还是面向的市场，都不适合靠科技和研发单路径的发展模式。“我们双方反复沟通，对方最终认可了我们高、中、低线并行的‘中国强生’战略。”刘文静表示，在这个目标上达成一致，得益于共享、共创、共赢的事业合伙人机制以及双方共通的文化理念价值观。

很多事情，表面看起来都是现实因素在起作用，但背后其实是精神层面的支撑，这是一只无形的手，但却有着有形的力量。这只无形的手，就是刘文静眼中的信仰、文化、价值观以及诚信利他的精神，这些也是她做任何决策时，都绝不会违背的原则，但同时她也时刻用“变”来指引自己。

变的哲学

相比于数据、业绩，刘文静更喜欢把自己前 15 年的创业历程归纳为“三个变”：变、不变和改变。这有点类似《易经》里讲的变易、简易、不易。她自己在这三个“变”里，反思了很多，也学到了很多。

“永远不变的法则就是变化，要懂得以变应万变，开放心灵，拥抱

2013 年 3 月 24 日，蓝帆学院职业经理人一期毕业

变化。”刘文静说，时刻洞察外部环境的变化，一旦需要企业改变，就从上到下，从里到外，从规划到战略，从组织到机制，从市场到产品，系统性地去变革。“该大刀阔斧改的时候绝不谨小慎微，要有股决绝的劲。蓝帆之所以能脱胎国企一路做大做强，也在这个‘变’上。”

挫折教会刘文静自我否定，而更关键的一步，是做出改变。马克·吐温有句名言：不懂的事情，你自然会多加小心，惹祸上身的都是你自以为懂的事。刘文静认为，因为熟悉会让你形成路径依赖，不知不觉中已经站在了悬崖边上，尤其当企业取得辉煌成绩，大家都赞扬你的时候。

而学习别人的失败，是让自己做出改变的最好方法。“成功也许有偶然性，但失败一定能在之前的路径中找到线索。”刘文静反复阅读的一套书是吴晓波的《大败局》，中国民营企业家们在改革浪潮中的沉浮让她感叹，同时也时刻提醒她反思：“他为什么失败？自己有没有类似的问题？”一旦发现有马上改，不等到事情发生了再行动。

关于变化，刘文静还提到了自己对狼性企业文化的认识。她说，改革开放 40 年，狼性其实是中国民营企业的一个标签。中国社会经济能够发展到今天的水平，放到微观层面看，是因为中国人的勤奋、拼搏，或者说就是足够的狼性，中国创业者们亦是如此。但时代变了，90 后、00 后的年轻人，相比于之前几代人，他们更开放、多元、追求自我，不喜欢就不做，此时企业再一味强调整齐划一、服从、牺牲和拼搏，往往会适得其反。狼性企业文化模式要变，新时代的多元化也必然带来更多的变化和不确定性，这在未来对中国企业家是个挺大的挑战。

有人问刘文静，是什么支撑她只身杀入国外市场抱着不见成效不回国的决绝，以及后面血透析项目失败仍坚持进入高端医疗器械领域的？她回答“初心”，从创业第一天起，所有出发点都是把企业做好，为社会造福。“我没见过哪个企业家是为了小家小我的利益，结果做成了一家伟大的企业。”刘文静说，“初心不变，才能不论经历怎样的外部形势变化、经营出现怎样的困难，都不偏离航道。”

刘文静还有一个不变，就是执行落地不能变。蓝帆医疗一路走来，快速成长的目标，提前实现；上市的目标，提前实现；行业龙头的目标，提前实现……之所以能做到，靠的就是铁一般的执行力，企业的战略目标一旦确定后，必须“百折不挠，努力到无能为力”。

知行合一

如果说普通人和成功者之间有一条分水岭，会是什么？或许魏征在《贞观政要·慎终》里的那句“非知之难，行之惟难，非行之难，终之斯难”道出了本质。这句话也是刘文静的座右铭，意思是说，知道不难，难在行动，行动也并不难，难在有始有终。

比如，15 年，每天平均十几个小时，从早上 6 点到晚上 12 点，不是工作就是学习；比如，15 年，坚持锻炼，让身体和思维保持同步敏锐和灵活；再比如，每天写工作笔记，写完的本子已有好几百本。

打开刘文静的工作笔记，一般人一定会惊叹，因为它不光是笔记还是一套方法论。每个本子的封皮上标有时间段，哪年哪月到哪年哪月一目了然，内页按周分类，每周用标签隔开，形成一个版块，然后再细分到每天，记录着每天的工作事项，后面画勾的代表当天已完成，画叉的代表后延或取消。很多页还贴有便利贴，上面记录着当天临时出现的工作。这算一级记录，具体到每天记录的各项工作所涉及的相关资料、内容，刘文静会将其中重要的再分类，保存在标有名称和时间段的文件夹里，一段时间后再梳理一遍，做了什么还没做什么马上就清楚了，并且能精确查找到每件事的具体日期。

《超级合作者》的作者马丁·诺瓦克说：“我们总是认为，是我们人类发明了语言，但事实却恰恰相反，是语言创造了人类。”刘文静应该对此很有体会，通过每天的记录和整理，很多经历时模糊的印象和体会逐渐清晰起来，也更清楚自己是如何一步步走到今天，慢慢地有了方法论，形成了规划、战略。这是一个一环套一环长期积累的过程，刘文静做到了有始有终。

此风格也贯穿刘文静整个创业生涯。

创业伊始，开始打造品牌、文化、理念和价值观。2006 年，创办《蓝帆报道》，让蓝帆人有了一个记录自己成长的家园，刘文静担任总编；2010 年，又创办了蓝帆学院，培养后继人才队伍；成功上市后，先问自己："我是谁？从哪里来？要往哪里去？"然后确立向高端医疗器械转型的战略方向；转型第一步完成后，开始为千亿市值、中国医疗器械领军企业的长期目标厉兵秣马。

刘文静曾给蓝帆医疗的经理人们写过这样一段寄语：要拥有高尚的思想，燃烧的愿望，百折不挠的精神，严格的自我管理，开放的心态，利他的美好心灵，拥抱变化的思维，有拆下肋骨点燃照亮他人前行之路的使命感。这其实也是她对自己的期许。一直以来，刘文静觉得自己跟一些优秀的男性企业家相比，在杀伐决断的魄力、大开大合的张力、海阔天空的创造力以及更宏大的视野上还存在较大差距。

但一路走来 15 年，如同登山，当你专注结果时，总觉得山顶遥遥无期，但当你专注脚下时，回头看已在云巅之上。刘文静其实已经在不知不觉中，成就了自己的企业家精神。

"开弓没有回头箭。要想清楚，创业一旦开始，就要坚强、坚韧、坚守。"这是刘文静给想创业的女性的一条建议，她说选择没有对错，但一定要知道自己要什么，才能甘愿放弃其他，如果可以重新选择，她也仍然会选择这条创业之路。

王树彤／用商品推平世界

文 | 郭立琦

王树彤　敦煌网创始人、总裁、木兰汇副理事长

木兰小传

王树彤第一次走进大众视野是1999年年底加入卓越网担任CEO，也是从那时起，卓越网从一个软件下载网站开始转型做电子商务。为此创始团队争论了3个月，最终是王树彤拍了板。此时，对于什么是电子商务，尤其是如何在中国做电子商务，整个团队并不清晰。两三年间，卓越网不仅顺利穿越2000年的全球互联网寒冬，也成为当时中国首屈一指的电商平台。但王树彤血液里的不甘让她在如日中天时选择离开卓越网，在互联网的汪洋世界中，找寻新航道。天生自带探索未知的基因，王树彤始终对新领域充满兴趣，不愿停留在安稳中。

1992年，她选择离开清华加入微软这家当时很多人都不知道是做什么的公司。1999年，抱着对“互联网先锋”的好奇，她进入思科，作为职业经理人她的事业可谓平步青云。此时，王树彤开始问自己：抛开跨国企业的光环，我是谁？我能做什么？是否能独立将一个想法变成现实？于是，在雷军的邀请下，王树彤1999年加入卓越网，成为中国第一代电子商务创业者，并创建了中国最早的B2C交易平台。但这个平台依然不是王树彤心中的那个电商平台。

2004年，敦煌网创立，王树彤的构想是让复杂国际贸易流程全部在网上完成，做真正的网上跨境贸易，帮助中小微企业进行跨国交易。王树彤开始了一场孤独的马拉松长跑，从无人问津到鲜花掌声，一跑就是14年。如今的敦煌网已经迈入自己的3.0时代，从平台转向无界生态，这里有王树彤对未来跨境电商的全部野心。

创业艰辛，你是如何永远保持活力的？

王树彤：一定是因为有激情，有梦想，觉得有价值，才能长久保持活力。还有一点很重要，就是要有自己的港湾，我的港湾就是家庭。我先生对我从来都是无条件地支持和无微不至地照顾，也正因为有这个像童话般的港湾我才能够在外面经受住风雨。另外，运动也很重要，我之前是校长跑队队员，跑起来队里男生都怕我，现在我经常打羽毛球。

创业是一个漫长的过程，你是如何理解成长的？

王树彤：要突破和成长首先要根据企业的不同发展阶段在思想上做出改变，然后在行动上进行调整。这个过程很痛苦，但一家企业如果创始人不想痛苦了，也就停滞了；第二点，要有持续学习的能力。还有一点，必须做你热爱的事，你要有梦想。

敦煌网进入高速发展阶段后，媒体用“挑战马云的女人”来形容王树彤，对这样一个称号，王树彤不认可，甚至有点反感这种刻意吸引大众眼球的标签。“我们从没有想过要挑战谁，从开创跨境电商这一全新的 B2B[1] 模式开始，敦煌网最大的挑战从来只有自己。”她说。同样，王树彤本人也属于“自我聚焦”型，不论外界的声音如何，都很难影响到她，她始终倾听的只是自己的心声。

实战 MBA

1992 年，微软刚刚进入中国，王树彤放弃在清华大学的教职加入其中时，微软中国总共才有六七个人。她回忆说：“一进去就是实战，微软第一次在中国办 TechEd[2]，上千人的大会就我一个人负责统筹，场

1 企业对企业的电子商务模式。

2 TechEd 是微软集合世界各地的开发人员和 IT 专业人士，提供技术分享，社区互动和产品的评估资源的最大规模的技术盛会。

面出现混乱时，我就跳到桌子上喊，控制场面。”如此几番下来，王树彤全都扛住了，她的领导却对她说，这不过是“蜀中无大将，廖化做先锋”，意思是比王树彤优秀的人很多，不过因为机会成本高没找到，只能把艰巨的任务交给她。

话虽不好听，但也确是事实。那时，王树彤负责市场，什么数据营销、营销规划等她连听都没有听过，去图书馆也找不到相关书籍，就托人出国时帮忙买回来学习。王树彤是个有心人，那个阶段她给自己设定了一个“靶子”，每隔一段时间，就将身边一位优秀的同事定为自己的目标，学习他（她）身上最突出的一个优点。“像写计划书就是我从一位女同事那里学来的，到现在已经成为我血液中的一部分，这使得我做每件事情之前，事情的框架已经立体地呈现在脑子里了。”

经过几年历练，王树彤成为微软中国的一员大将，要直接给比尔·盖

王树彤与比尔·盖茨

王树彤离开思科前，在黑板上写下“Dream High”

茨作工作报告，但跨国企业有自己的一套游戏规则，每次同事们认为王树彤该被提拔时，总部就会空降一个新领导过来。“这在跨国企业是非常正常的情况，一些同事受不了，心里有‘凭什么’这样的想法。但我还是咬着牙撑下来了，就想：那些都放一边吧，他身上哪怕有 1% 可以去学的，我就把那 1% 学来。”王树彤说，在微软的 6 年，自己从做各种市场工作，到销售，再到成为最年轻的中国本土经理人，见识了什么叫国际化视野，学习到很多管理经验。

1999 年，王树彤朋友杜家滨的一席话，让她产生了离开的念头，他说：“从互联网先锋的角度讲，微软已经落伍了。”出于对“互联网先锋”的好奇，王树彤加入了有互联网先锋之称的思科，进去后发现果不其然，公司的业务基本都在互联网上，这也为她后来投身电子商务做了铺垫。但同时，王树彤也发现，这种组织制度较完善的跨国企业，即便是一句广告，里面的文案、图片总部都有详细规定，如果要提出不同意见，就得走一套繁杂的程序，很多时候等到流程走完，黄花菜也凉了。更要命的是，这是王树彤一眼就能看到头的职业阶梯，“当时我就想，能不能有一些事情可以把个人的价值发挥出来？如果没有跨国公司的光环，我是谁？”王树彤要试试看。

外行颠覆

“我跳上了互联网这趟列车，但根本不知道它会去哪儿。”王树彤离开思科后加入了卓越网，真正踏入了互联网浪潮之中。卓越网 1999 年初成立时是金山集团下面一个免费下载软件的网站，虽然发展迅速但一直处于烧钱状态，雷军也迫切希望转型。遇到王树彤后，两人一拍即合，王树彤任 CEO，雷军是董事长，投资方联想集团的朱立南是董事，后来王树彤又把陈年（凡客 CEO）拉了进来。这几个人都是后来中国科技互联网圈的风云人物，但当时，他们都对电商一无所知。

“首先，门户类网站已经有做得很好的，没必要再去做；其次，我对旅游和游戏都没什么感觉，电商我很感兴趣，这是内心真实的想法。”王树彤依此拍了板，为卓越网敲定了电商方向。2000 年 5 月，新卓越网上线，媒体圈反应冷淡，紧接着，全球互联网寒冬就来袭了。

“活下去成为最重要的事情，只要活下去就有机会冲出来。”王树彤说，一开始，她经常在仓库里摆书、擦书，在地上铺电线，趴在地毯上钉钉子。那时卓越网也没有物流，有了图书订单就自己拎着袋子去西单图书大厦买，再挨家挨户风雨无阻地送。此外，王树彤还延续了自己在跨国企业里习得的“抠门”，当一批互联网企业开始疯狂砸钱时，卓越网却在一分钱掰成两半花，没有盲目扩张品类，只是在图书的基础上裂变出音像、影碟等，坚持做精品，培养中国网民的网购习惯。就这么一点一点往前挪步，到 2000 年年底时，面对互联网寒冬之后的一片狼藉，媒体突然发现卓越网还在逆势生长，于是称其为“让人跌破眼镜的一匹

王树彤在卓越网创业时期与熊常青、雷军、朱立南、陈年等合影

黑马”。

卓越网也创造了当时中国电子商务领域的多项纪录：2000 年，影碟《大话西游》一天的最高销量接近万套；2001 年，《东京爱情故事》一个月的销量相当于北京音像批发中心两个月总进货量；2002 年，《加菲猫》三个月的销量相当于北京西单图书大厦同一产品 5 年的销量总和。与此同时，2001 年网站就实现了收支平衡，让整个市场刮目相看。

卓越网成了本土电商的翘楚，但此时的王树彤开始意识到一个问题，自己如此热爱的事业，其实随时都可能被卖掉，即便你是创始人也无能为力。“因为卓越网不是一个典型的‘创业者 + 风险投资’模式，创始人的话语权其实非常有限。”于是，在卓越网势头强劲的时候，王树彤再次选择了急流勇退，大家都觉得她傻，但她自己知道收获了财富。

此次创业，让王树彤坚定了电子商务这一赛道。卓越网在图书音像领域的成功，让她意识到一个问题：本行业的掘墓者永远不来自本行业。就如同一个人无法揪着自己的头发离开地面一样，电子商务将以外来者的身份颠覆掉诸多传统行业。她还意识到，职业经理人同创业者是两种不同的物种，“职业经理人不用考虑生死的问题，而且往往自带资源，创业则恰恰相反，你什么都要考虑到，特别是要清楚自己的商业模式是什么。”王树彤说。

电子商务本身包罗万象，2004 年前后，淘宝、京东这样的 B2C 平台已经壮大起来，一大批团购网站、垂直电商也如雨后春笋般纷纷冒出来。一心要做电商的王树彤会如何选择？

“我想做新东西，不想重复别人的老路，这是血液里自带的基因，改变不了。另一方面，我很清楚未来一定是全球化的，虽然我之前做 2C[1]，但未来中小企业也一定会被电子商务赋能，由此产生的效能将异常巨大。”回忆自己第二次创业前的心路历程时，王树彤说道。

2004 年，36 岁的王树彤创办了敦煌网（www.DHgate.com），这是中国首家 B2B 跨境电商平台，它不同于阿里巴巴开创的信息黄页模式，而是真正的电子化国际贸易，中国中小企业通过敦煌网可以轻松把自己的货物卖给国外买家。巧合的是，也在 2004 年，卓越网卖给了亚马逊，成为今天的“亚马逊中国”。

只要跑道够长

王树彤从小热爱长跑，上学那会儿她可以独自一人绕着校园的操场跑十几圈不休息，连长跑队里的男生都不愿跟她一起跑。“一开始他们可以超出我很远，但只要跑道够长，他们最终都会被我超过去。”长跑

1 对消费者的电子商务模式。

也练就了王树彤坚韧的性格，她说，那些看起来的捷径从来不在她的选择范围里。

敦煌网起步阶段的王树彤，正如同当年独自在操场跑步的那个少女一样，在一个无人之境开始了一场没人知道结果的马拉松。

“那是一段不知道是否有尽头的黑暗隧道，你不知道自己的想法究竟是天方夜谭还是真的走得通，也没有人相信你。”王树彤说，她每每坚持不住时，就用《飘》里的一句话鼓励自己：明天又是新的一天。

但打击还是接踵而至。

当时有一位非常资深的外贸人加入敦煌网任副总，可一谈到上线、系统开发这些事，就激烈反对，她对王树彤说：“你真是不懂国际贸易，我们从没这么干过。”接着，很多人选择离开。但这还不算什么，最要命的是眼看敦煌网就要弹尽粮绝了。王树彤一面自己垫钱，一面满世界找投资。

2004、2005 年她先后见了几十个投资人，大部分投资人都会问两个问题：一、美国有没有对应的模式？二、既然已经有了阿里巴巴，为什么还要有敦煌网？王树彤给他们讲敦煌网的独特赛道和创新模式，得到的大部分是冰冷的反馈。

她与其中一位投资人已经谈好，连投资协议都签了，但快到打款之日时，对方却没了动静。王树彤发现不对，马上给对方打电话，电话无法沟通就立马飞到深圳见面。“我和他面对面，说咱们这个投资条款清单都签了，你怎么不履约？他说，怎么了，我就不投了，没这事了。”王树彤清晰地记得，“他就那么看着我，非常坦然。”深圳那天滂沱大雨，把她的心也彻底浇凉了。在返程的飞机上，王树彤心中默默祈祷飞机永远不要落地。

但一回到北京后，王树彤的斗志也回来了。她先拿自己的钱把剩下的十几个职工的工资发了，然后搬出银网中心，搬到朋友公司厕所旁边一个 20 多平方米的会议室。当时那栋楼里有不少人认识王树彤，他们说，

这不是卓越的 CEO 吗，怎么跑到这边来了？面对此景，谁能想到王树彤自己竟觉得踏实，经历过卓越网的成功，戴着光环，她以为第二创业也能快速腾飞，经过一系列挫败后她反而心里沉下来了，“反正已经在最谷底了”。

2005 年 6 月，在成立将近一年后，敦煌网终于迎来了自己的第一笔订单，一个 6.14 美元的电脑包，这笔来自美国的订单通过 PayPal[1] 打到了名为 DH 的账户中，当时国内没有一家 paypal 服务商，敦煌网成为第一家使用该支付系统的中国电商平台。而这笔成功的交易，也如黑暗中的一道亮光，证明了王树彤 B2B 跨境电子商务的想法不是痴人说梦。

第一步迈出后，仿佛打通了任督二脉，随后不仅投资款到位，敦煌

1 PayPal 为全球众多用户使用的国际贸易支付工具。

网在 2007 年还迎来了一笔来自非洲厄立特里亚的 20 万美元“史上最大订单”。这一年的交易量暴涨，海外买家一下子涨到几十万家，原来的 DHgate1.0 系统已无法支撑，王树彤开始着手 DHgate2.0 的开发。2008 年 8 月，DHgate2.0 正式上线，底层架构、搜索引擎、功能区块、交易流程一一做了升级。走过幼年期，敦煌网似乎已经驶入良性发展轨道之际，没想到新的冲击又来了。

强盗出没

早期，敦煌网遇到的最多问题是网站复制。当敦煌网的模式开始有所收获后，有人便动了不劳而获的歪脑筋。他们的方式简单粗暴，就是改个域名，然后把敦煌网的东西一模一样拿过去，有一家公司甚至连客服电话和公司地址都照搬过去。当时身怀 8 个月身孕的王树彤急忙去报警，在寒风中连鞋底都跑掉了，但从早上解释到晚上也很难让警方了解究竟什么被盗了，毕竟那时的跨境 B2B 电商还是一个新生事物。这些并不是最恼人的，因为山寨网站很快就发现这不是一个捞快钱的行当，不到两三年便纷纷倒闭。最恼人的是网络诈骗。

2008 年 12 月，在监控一笔订单时，王树彤的同事突然发现有异常买家。一查发现，是卖家通过 IP 代理，冒充国际买家，在自己的店铺下单，用假信用卡支付，再自己填写假发货单号，自己确认收货。因为敦煌网的交易流程是买家下单，卖家发货，买家确认收货后由敦煌网放款给卖家，通过这种方式，他们诈欺了敦煌网先期垫付的 3 万美金。“我们找到海淀警方，通过跟踪对方的 IP 地址，好不容易抓住了诈骗方。”王树彤回忆说，电视台还专门报道了此事，算是第一个成功打击的网络犯罪案例。

也是经过这次诈骗案，让王树彤意识到敦煌网在风险防控方面比较薄弱，用她的话说，敦煌网的风控体系是在跟骗子的斗争中一点一点建起来的。2009 年，敦煌网的风控体系正式建成，公司内部设立了专职的风控职位。

王树彤也开始同步摸索自有的支付系统 DHpay，她集中了公司各部门的精锐力量进行封闭式研发。2010 年 4 月 DHpay 上线时，第一天就成功接收了十几笔海外在线交易付款，随后，与境外收单机构 worldpay、中银卡司、中国银行、花旗银行等纷纷建立合作。这无疑是有先见之明，随着 ebay 退出中国，当它旗下的 paypal 在 2012 年结束与敦煌网的合作时，敦煌网早已“手中有粮心中不慌”。

可与此同时，电商巨头阿里巴巴杀入了跨境电商。其实，早在 2005 年，阿里就在孵化国际业务，也来敦煌网谈过收购，王树彤没有答应。2010 年，阿里推出“速卖通”，是一个与敦煌网模式相同的小额在线交易平台。很多人都觉得敦煌网要完蛋了，但王树彤并未慌乱，“我始终知道我们跟它不一样，我们有自己独特的价值。”敦煌网的节奏完全没被带乱，始终专注在跨境 B2B，加之深耕这些年已经有了不错的积累，成功抵御了阿里的冲击，倒是阿里在后期调整了战略，让速卖通转向 C2C [1] 平台模式。直至现在，跨境交易只有阿里速卖通 2C 平台和敦煌网 2B [2] 平台两家平分秋色。

创新什么

从敦煌网 1.0 到敦煌网 2.0，很多人了解了敦煌网的模式后觉得“这个模式根本不新啊”。这让王树彤常常反问自己，所谓创新究竟是什么？如果无法成功落地，是否还算是创新？互联网发展了十多年，已经有了大量创新成果后，这些创新是否用来解决了特定人群和社会经济的核心问题？

问题的答案，要回到初心里找。王树彤在敦煌网诞生之际“野心勃勃”，她想让敦煌网颠覆传统跨境贸易模式、服务全球中小型企业。正是有这样的初心，王树彤才成为跨境 B2B 电商的第一人，也正是这份

1 消费者对消费者的电子商务模式。
2 对企业的电子商务模式。

对初心的坚守，她才总能想方设法找到不同于他人的通关密匙。

“进入一个全新领域，作为第一个探路者，一切都在创新，后来别人开始跟你做一样的事情，这时就要看你有什么不同，你必须不断超越，在这个市场上凸显出自己的差异化来。”王树彤说。

在王树彤看来，敦煌网遵循的是一种集成式创新。或者说，是一种 1+1>2 的组合模式创新。“我们站在前人的肩膀上，通过在线采购的方式，通过配套的搜索、物流、支付、货品跟踪、诚信机制以及线下的增值服务等，形成了一套服务国内外中小企业的解决方案。海外的采购商只要轻点鼠标，在很短的时间里，就能收到自己采购的中国商品，不用现场查货，不用反复沟通，就能放心地采购自己需要的商品。这样货品的选择范围扩大了，大量的中间渠道费用节省了，我们简易操作的供应链系统又能极大降低物流、支付方面的成本。并且分批次的小量采购，周转率提高库存压力减少了，意味着海外买家的利润空间也得到了扩展。”王树彤表示，在 1.0 时代，敦煌网将成千上万的海外中小采购商带上了门，到 2.0 时代，敦煌网通过自有支付系统、产品展示模板、在线翻译、物流整合等服务，把全球 200 多个国家的买家带到了中国的中小企业家门口，交易周期最短能达到 3 天。

此外，敦煌网虽然是跨境 B2B 电商，但它又无限接近 C 端。“如果我们直接做 2C 就会跟当地的零售商打起来。如果只做一个市场，那可以打，但要做多个市场，就需要和、需要顺、需要赋能。”王树彤说，在敦煌网上，买家和卖家或许是一位全职妈妈、一家夫妻店或者一个三五人的小公司。很多女性，有了家庭后不得不离开工作岗位，其中很多人从此就永远离开了，现在通过像敦煌网这样的平台，她们可以创业实现独立。以前说到跨国企业，就是微软、思科这样的大型企业，现在两个人就可以组建一个小微跨国企业。

3.0 时代开启

2016 年，王树彤率先提出“跨境电商进入下半场”，早期为买卖双方搭建交易平台，收取佣金的模式将逐渐让位于“交易 + 服务”的开放生态模式。尤其是服务环节，从出关到营销再到资金流转过程中的金融服务等，会衍生出一系列服务。比如，订单企业工厂的所在地为无锡，货物出口口岸在上海，申报地在北京，审单在天津，通过敦煌网的在线关务平台，仅 7 分钟就能走完全部流程，这对传统外贸来说完全不可能。

目前，王树彤正在构建敦煌网的 3.0 时代，在她的构想中，整个跨境电商 3.0 时代的特点应该包括：人工智能等前沿技术的应用、组织边界的消失、产业范围从标品向非标品演进以及平台生态体系拓展等。这些年，王树彤也在每个力所能及的场合为跨境电商 3.0 时代布道。

2013 年 5 月，在马来西亚举行的 ABAC 第二次会议上，王树彤发表了名为“应用电子商务平台，促进亚太地区中小企业跨境贸易”的提案；2014 年，在巴厘岛 APEC 部长会上，王树彤提议启动亚太跨境电子商务能力建设 (APEC Cross-Border E-commerce Training，APEC CBET)，而该项目也于 2014 年在新西兰 ABAC 第一次会议上宣布启动。

2015 年，在中土跨境电商合作协议签署后，一位土耳其当地官员说：“曾经土耳其错过了工业时代的发展机遇，而互联网时代的机遇，我们要像中国一样牢牢抓住。”这句话给王树彤留下了深刻印象。2016 年，由敦煌网搭建的中土跨境电商平台正式上线，不仅让中国的中小企业走进了土耳其，也让土耳其的皮衣、挂毯、珠宝等轻松进入中国市场。

如今，敦煌网北京总部里的每间会议室，都是以丝绸之路上的重要驿站和关口命名。“长安是丝绸之路的起点，也是我们的第一个会议室。随着公司的不断发展，沿途上各个驿站都会加入进来，直到终点罗马。”王树彤说。在美国，电商已经成为一个每年有 1500 亿美元价值的产业，美国也是敦煌网目前最大的海外市场，但王树彤更希望敦煌网能在广大发展中国家产生积极效应。在物流不发达的国家，敦煌网会选择跟当地企业合作，或者帮助对方国家设计物流线路。目前敦煌网已经帮助印度尼西亚设计了物流线路，此外还促成了中国与西班牙、秘鲁等国的跨境电商合作。

可以说，是敦煌网开创了全球数字贸易操作系统，并重新定义了数字贸易产业。“就像智能手机的安卓和 IOS 系统一样，在每天、每个具体商业场景下，让每个流程和环节形成闭环，这套操作系统在全球都是独一无二的。”说起当下的敦煌网，王树彤颇为骄傲，14 年的积累，使得没有第二个企业拥有像敦煌网这样的全球贸易数据，以及来自全球上千万的采购商和中国几十万的中小供应商。“我们看到了新贸易该怎样发展，服务在这里会是变成怎样，我们要做智能化物流，全球的营销体系，全球的风控体系，以及很多跨贸服务的平台。此外，我们还要发展全球贸易本土化，我认为这也是我们肩负的一个使命，要帮助不同国家实现当地跨境平台的落地。”

通过行动改变世界，这个大多数人仅在年少时萌生过一阵的梦想，王树彤坚守了 30 多年。就像长跑时王树彤总能成为胜利者一样，她只要开始“就会一直跑到死”。敦煌网成立的第十个年头，王树彤和管理团队第一次踏上丝绸之路，在敦煌 9 天的大漠穿行中、天地辽阔间，仿佛昭示出一条再现商业繁荣的大道。王树彤重温着自己给公司起名时的所思所想：“‘敦煌’者，盛大、辉煌也；‘门’者，互通有无之所；我的使命就是重新打开这道大门。”

刘楠 / 妈妈英雄

文 | 王学良

刘楠　蜜芽创始人 &CEO、木兰汇理事

木兰小传

中国传奇投资人徐小平曾这样评价刘楠：“她的创业基因不是电商，不是互联网，而是母亲的爱。”2011 年，刘楠生下了宝宝，为了让孩子用到全世界最安全的母婴产品，也为了消除自己身边宝妈们的育儿焦虑，她开了一家淘宝店，名字叫“蜜芽宝贝”。刘楠曾在公开场合说：“本来只是想玩一玩，没想到就一发不可收拾。”

蜜芽的发展速度的确很快，只用了两年时间，“蜜芽宝贝”就积累了接近 20 万个用户好评，成为淘宝“四皇冠”店铺，营收超过 3000 万元。2014 年年初，刘楠带着蜜芽走出淘宝，独自提枪上阵。一年半后，蜜芽成为中国母婴行业的领头羊。

时至今日，蜜芽已经不再是一家单纯的电商平台，而是一家婴童人群服务公司，业务涵盖线上线下，包括线上零售、线下门店、亲子乐园、婴童投资四个业务板块。在蜜芽的成长过程中，刘楠改变了中国母婴行业，她让中国的宝宝们都能享受到高品质、低价格的母婴产品，也让中国的妈妈们可以毫无顾虑地为孩子选择产品。一位基督徒宝妈是刘楠的用户，她笑着说：“我很喜欢刘楠，她是孩子们的玛利亚。”

但是这位中国的“玛利亚”并不满足于此，她想要做一家“伟大”的婴童公司，让全世界的妈妈都能“品质育儿”。

创业艰辛，你是如何长期保持活力的?

刘楠：我只赞同一种英雄主义，就是在认清创业的真相之后，依然保持初心。相信信念的力量，因为这些信念会迸发巨大的能量。当我每每把曾经的不确定不可能变成了真实的成功，全新的活力源泉就满血绽放。

创业是一个漫长的过程，你是如何理解成长的?

刘楠：时时保持空杯心态，空杯越快越快乐。创业就像大海中行船，不论是惊涛骇浪，还是飓风暴雨，都要保持激情，全力以赴到达一个又一个彼岸。沿着光线，试探二三，快走几步，奔跑起来！这才痛快酣畅啊。

爱云（化名）是一位新晋宝妈，每当收到一件新的宝宝用品，她都会戴上不常用的眼镜，拿着尺子，聚精会神地在包装上量来量去。对她来说，包装上的字体比之前粗了一两毫米，或者是产品的重量轻了几克，都是不可接受的——她会怀疑这是假货。

在成为妈妈之后，爱云时常处在这样的焦虑之中，宝宝用品的挑选耗费了她极大精力。一方面她并不信任国内的母婴产品；另一方面，她又不知道怎么挑选国外的产品。

直到她在网上关注到了一位叫刘楠的宝妈。“刘楠是北京大学的高材生，她会把自己对母婴用品的使用心得分享给大家，也会推荐一些好用的海淘产品。”就这样，她成了刘楠的“粉丝”，彼时还是2010年。

在刘楠的“粉丝后援会”里，有很多像爱云这样的宝妈。在刘楠看来，中国母婴消费群体处在普遍的焦虑之中，像一群“惊弓之鸟”。2011年，刘楠开始创业，她的初衷很纯粹：一方面，她想要让自己的女儿用上全世界品质最高、最安全的宝宝用品；另一方面，她想要解除中国妈妈们的育儿焦虑，她希望每一位妈妈都能给孩子用最安全的东西。

从 2011 年至今的 7 年时间里，蜜芽从一家淘宝店成长为中国最大的母婴用品领头羊，刘楠也从全职妈妈摇身一变，成为身价百亿的 CEO，著名投资人沈南鹏甚至认为："蜜芽有可能成为小米级的公司"。

在外界看来，是二胎红利、消费升级以及跨境电商成为政策新宠三大风口的耦合成就了这个妈妈的梦想，但刘楠清楚，"风口浪尖"会让人成功，也会让人吃痛，坚持才是成长最重要的原因。每天凌晨两三点钟，刘楠的邮箱还在刷新，除了出差的路上，她几乎没有任何休闲时间。

即便如此，她仍然觉得自己极度缺乏时间，她希望蜜芽能快一点、再快一点。"我们是全世界最大的人口出生国，中国应该出现一家伟大的婴童公司。"刘楠没有明说这家"伟大的公司"会不会是蜜芽，但那种舍我其谁的自信已经溢于言表。

偶尔觉得累的时候，刘楠就会盯着办公区里的大屏幕，上边实时滚动着用户对蜜芽的评价，接连不断的好评会让她的心情好上不少。大屏幕的对面，就是刘楠的办公室，门口上写着"Counting Stars（数星星）"，这种表达方式很符合蜜芽的风格。"星星"的寓意是崇高又灿烂的理想，刘楠说"只有你是一个理想主义者的时候，才能把创业所有的苦都吃下"。

但她也清楚仅靠情怀和梦想很难成事儿，刘楠笑着指了指对门，那是蜜芽 CFO（首席财务官）的办公室，门上赫然写着"Counting Dollars（数票票）"，看到来访者惊讶的表情，刘楠大笑。

创造世界

2010 年，刘楠怀孕了。

她头脑中突然闪过一个念头："我要给宝宝全身心的关照。"之后她果断辞职，从一个世界五百强的高级白领变成全职妈妈。

女儿的出生让刘楠获得了前所未有的幸福感和充盈感，即便现在回忆起来，也依然神色沉醉，仿佛甜蜜得要融化。“看着她那么弱小，不会说话，不会动，她无条件地信任你、依赖你，我想要用我全部的身心去保护她、爱护她。”刘楠希望尽其所有，给孩子世界上最好的母婴产品，不能有一丝一毫的差池。

对于真正好品质的产品，刘楠有一种与众不同的执着。每次去国外旅游，她的首选目的地不是景区或博物馆，而是超市和菜市场。“每次站在国外的菜市场，看着琳琅满目、不太常见的水果，以及超市货架上一瓶瓶带着标签的洗发水，我就感到特别满足。”

游玩时尚且如此，何况是对自己的宝宝。在母婴产品的选择上，她是一个完美主义者。但她发现事情并没有那么容易，“在选择母婴产品时，不知道哪个是真正的好。有很多代购为了推销，会把国外很普通的产品描述得无比高大上，更何况假冒伪劣……”

和诸多的宝妈一样，刘楠无时无刻不在质疑。“这安全吗？”“这可信吗？”“这适合吗？”没办法信任代购，刘楠决定自己动手，“我希望活在一个自己想生活的世界里，但是可能等不及别人来创造这个世界，所以我就自己去做这个世界。”

为了使女儿享用到最舒适、最安全的婴儿用品，刘楠开始研究各种母婴产品，当她看到一个品牌宣称它的塑料不含 BPA 时（一种有害的化学物质），她就会在网上找到它美国官网的邮箱，发邮件过去问：“你怎么证明真的不含 BPA？”刘楠将自己的研究成果整理成电子表格，并常常在网上分享自己的海淘经验，很快就成了圈子里的“意见领袖”，很多素不相识的妈妈也会找她购买母婴用品。

2011 年，一家叫作“蜜芽宝贝”的淘宝店上线了，刘楠在自家的客厅开始了创业之路。“蜜芽”的意思是“甜蜜的萌芽”，它象征着孩子带给家庭全新的开始，蜜芽宝贝的 Logo 是一个可爱的兔头——刘楠的女儿是在兔年出生的。

“那个时候，我爸妈是不理解我的，他们会觉得你好歹北大毕业，现在天天在家发快递，这不是浪费国家教育资源吗？”观念的差异如同一道鸿沟，刘楠很难跟父母讲清楚，但这在她意料之内，“我的内心是非常充实的，这就可以了。”

蜜芽宝贝店铺主打的产品是日本的花王纸尿裤，为了能与花王合作，刘楠打了无数个电话。“人家一听我是个全职妈妈，就完全不想见，我就说：‘明早我开车去您楼下送您去上班，路上可以聊，反正您也要在上班的路上花时间。’”

凭借着这股韧劲儿，刘楠终于将花王的代理权死磕下来。“那时候的状态是，每天都很兴奋，发现了新品激动得睡不着觉，想着赶紧分享给用户们，每天打了鸡血一样，搬着 18 斤的纸尿裤跑上跑下也不觉得累。”

2012 年冬天，刘楠带着 8 个人的团队在仓库里办公，大家一人抱一个电暖气才能继续工作，订单多的时候，捡货打包到后半夜也是常事，尽管是抱着电暖气，刘楠的脸和手还是被冻伤了。也是在那个时候，团队有三个核心成员要离职，招新成员这件事让刘楠感到手忙脚乱。“小姑娘来面试，我开车去接，走的时候说不用送，我就很紧张，怕她走到公交站这段路会发生什么变化，后来我很长一段时间都在送她下班。”

靠着之前积攒下的粉丝群体，在做淘宝店期间，刘楠没有在流量获取上花一分钱。“发现、信任、分享”是她总结出的秘诀，靠着妈妈们的信任和自发的分享，蜜芽宝贝两年的销售额超过 3000 万，她所创造的“世界”已经开始有了一个雏形。

2013 年新年刚过，刘楠接到了一个投资人的电话，对方愿意出高价收购蜜芽宝贝，听到对方给出的价格，刘楠心里一惊，“这个报价太诱人了”。刘楠犹豫了很久，她突然想到了喜欢指导青年人创业的校友徐小平，通过北大校友会，刘楠要到了徐小平的电话。

她给徐小平发了一条颇具戏剧性的短信：“徐老师你好，以前我在

Love plus

北大团委、《北大青年》当记者的时候采访过您，我现在在卖纸尿裤，我现在淘宝店的销售已经3000万了，但是我陷入了迷茫，您是一个心灵导师，能不能开导开导我？”3分钟后，徐小平打来了电话。

当天下午，刘楠来到徐小平家，聊了3个小时后，徐小平说：“刘楠，别卖了，我给你钱，把蜜芽做大。”徐小平的青睐并没有让刘楠立刻做出决定，她依然有些迟疑。在之后的几个月里，徐小平不停地给刘楠发邮件、发短信，劝她继续创业。

5个月后，刘楠终于想明白了：“创业就是迷茫痛苦——埋头苦干——自豪舒服的过程循环。但人最难得的是，能够在最舒服的时候，主动走出舒适区，跳下来，一直奔跑下去。”

刘楠后来问过徐小平：“我们素不相识，你对我的网店又一无所知，为什么当场就决定投资我？”他说：“3个小时里你一直都在说货，对真假的在意，对找好货的疯狂，对妈妈人群利益的在乎，都让我觉得你是对的人。”

2014年蜜芽创立第一年，刘楠在蜜芽的北京自营仓

静等风来

2014年3月，蜜芽宝贝走出淘宝，开始运营独立网站。在上线第一天，蜜芽的服务器就因为访问人数太多而宕机，当时那种甜蜜、兴奋复杂的情绪，刘楠现在还记忆犹新。

那个时候，她对自己信心满满，制定了一个激进的财务计划——第一个月营收500万元。有投资人调侃刘楠："你天天跟我说500万，耳朵都快起茧子了。"结果出乎众人预料，蜜芽第一个月的营收竟然达到1200万人民币。

刘楠感觉自己的脑子已经不够用了。"我第一次感受到原来这个市场的想象空间比我能想到的还大，我感觉自己无意间踏中了整个中产阶级消费升级的大趋势。"

业务量直线上升，蜜芽宝贝的钱又不够用了，刘楠连夜做一个B轮融资的PPT，发给了一些投资人。PPT发出的当晚，刘楠接到了无数电话，几十家投资基金表示有投资意向。2014年7月，蜜芽拿到了红杉资本领投的2000万美元B轮融资，公司估值达到1亿美元。

B轮融资对于刘楠而言是一个转折，在B轮融资之前，刘楠是以一个妈妈的角色、从消费者的角度理解母婴行业，当刘楠拿到B轮融资的时候，她意识到有些东西发生了改变。"这会是一场战争，不再是一个妈妈的心血来潮，不再是我一个人的梦想，我必须把团队调整成一个狼性团队，一起赢。"

除了消费升级，蜜芽宝贝又无意间踏准了流量向移动端转移的大趋势，与其说是幸运，不如说是刘楠始终体贴妈妈群体的回报。"妈妈在家里，你让她一手抱着孩子，一手敲电脑，这是非常反人类的行为；如果妈妈一边哄孩子睡觉，一边用手机买点东西，这才是非常人性化的行为。"出于这样的考虑，网站上线不久，蜜芽宝贝APP上线，图标还是那个粉嫩的兔头，仅用了三个月，APP上的销量占比就达到了

80%。

这件事给刘楠带来的感悟是，企业不要做“追风少年”，要等风来。“只要你用心满足人群的需求，然后站在原地，风一定会来的。”

风果然就来了。

蜜芽宝贝的定位是“进口限时特卖商城”。在 2014 年之前，中国的海淘体验非常差，国外的品牌商想要在中国销售，往往需要找经销商，经销商之下还要有零售商，漫长的供应链使得产品的价格提高了几倍，最终承担损失的是消费者。“一件纸尿裤在日本七八十元就能买到，但在中国，都还是 180 元的行货价，凭什么中国的消费者要花那么多钱？我们就在想可不可以用很低的价格去买到。”

蜜芽的办法是直接与品牌方对接，将供应链优化到最短，“蜜芽的左手是消费者，右手是品牌商，把中间低效率、高成本的环节全部砍掉。”就在此时，中国海关总署发布了《关于跨境贸易电子商务进出境货物、

物品有关监管事宜的公告》和《关于增列海关监管方式代码的公告》，从政策层面承认了跨境电子商务，也同时认可了业内通行的保税模式，此举明确了政府对跨境电商的监管框架。

蜜芽作为最早一拨涉足跨境贸易的电商，利用保税区的优势，在北京、宁波、重庆等地布点设仓，和当地政府共同完善整个跨境电商的监管制度。蜜芽的COO（首席运营官）说："在构建了经营模式雏形、把控住物流后，我们与世界知名的品牌直接合作。先前这些大品牌都是靠总代理、经销商出货，而选择一家跨境电商直接对接，蜜芽是首创。"

零售业以效率为王，商品周转速度变快，成本就自然降低，资金的使用效率也随之提高，商场的账期一般是90天，而蜜芽的账期只有短短10天。同样一笔钱，和商场合作能够周转1次，而和蜜芽合作就能周转9次。"当时短短三个月，我们就与400多个品牌方建立起合作关系。"刘楠说。

刚刚尝到一点风口的甜头，现实又让刘楠体悟到风口的残酷，现在回想，刘楠依然心有余悸，说蜜芽险些遭遇"灭顶之灾"。

2014年8月，有媒体连发三篇负面稿件，指责蜜芽平台上假货充斥，对于母婴电商来说，"假货"是最为严重的指责，因为没有任何一个群体比妈妈们还要在意安全。"我不明白为什么记者可以不采访我们公司的任何一个人就下结论，这把我们这样一家新兴的企业置于一个痛苦的境地。"当时蜜芽的公关部门尚未建构完成，这件事情发生的时候，蜜芽的公关部"完全懵了"。

"很多人微博私信我说刘楠你太狂妄了，敢拿红杉的投资，你自己都还没有准备好。我和公司的新媒体负责人坐在办公室对着流泪，两个人在那想公关稿应该怎么写。"那段时间，刘楠每天早上都会跟宝宝笑着告别，门一关上，她的眼泪就控制不住地流下来。

2014年8月，刘楠开始反击。"我们当时拿了几个集装箱的纸尿裤，所有的证据链条，一条一条地链下来，我要向消费者证明蜜芽的商品是安全的。”在强大的供应链能力支撑下，原价 138 元、成本价 90 元的纸尿裤降至 118 元，结果，宁波港 5 个集装箱的货 10 分钟被抢光。从月度复购率以及购买留存率来看，消费者在用“剁手”支持蜜芽。

蜜芽给消费者的回礼就是降价。

2015 年年初，刘楠听说京东准备在母婴品类发力，决定先发制人。年初就开始囤货，在宁波港准备了 300 个集装箱的纸尿裤。2015 年 3 月，蜜芽用低于市场价一半的价格，3 天销售额达到 3 亿元，超过之前全月的数字。

蜜芽一战成名，天下皆知。这年 9 月，蜜芽完成 1.5 亿美元的 D 轮融资，成为中国母婴行业中的第一只独角兽。

2015 年蜜芽 D 轮融资发布会现场

“定海神针”

一场漂亮的跨境电商开篇之战让刘楠颇感自豪，“在中国的零售领域，假货无处不在，妈妈群体很缺乏安全感，我们想要去改变中国零售业长达 20 年的惯性，把高品质的产品，以低价呈现给消费者。”她的语气中充满使命感。

在这场“革命”之后，跨境供应能力开始成为电商的标准配置。蜜芽也要寻求新的增长点，刘楠发现，当跨境垂直母婴电商发展到 50 亿 ~ 100 亿元市场规模的时候，天花板会出现，而母婴人群的天然属性就是需求随年龄递增，孩子越大，世界越大。

蜜芽也开始面临一个问题：向左走，还是向右走？这或许是一个垂直独角兽成长的必经之路。向左走，蜜芽将从一个品类扩张到全品类，变成一家综合电商；向右走，蜜芽将向纵深出发，将母婴这个品类吃透。

很多人建议刘楠应该向左走，因为向左走才能追赶巨头，对于这种建议刘楠有自己的一套想法。她有些激动地说：“有的国人做生意喜欢垄断、霸主、一统江山、君临天下，所以固定思维就变成了我们也要做大，哪怕你开始就是做一个垂直很细分行业的，最后都被迫着走上那条大的路。”不论在什么行业，还是处于行业的什么位置上，一个公司的价值，永远是不断地发掘和满足用户的需求。当坚定地围绕这一核心价值观，创业者就会心怀天下，大步向前。

刘楠想要做一家价值链为王的企业，而不是扩张为王的企业，所以她的选择是向右走，做一根“定海神针”，将母婴行业的垂直价值切到底。“电商所切入的商业价值链只是浅浅的一层，叫交易平台。零售业把买卖的过程切了，通俗地讲就是卖货，大平台都开始想能不能切更深的价值链，比如支付、金融，对于垂直平台来讲，更应该做深价值。”

而在垂直平台中，“母婴”也是一个特殊的品类。在刘楠看来，母婴行业是一个千载难逢的接口行业，向上可以对接医疗，向下可以对接教育，而母婴作为天然的线下人群，又可以对接线下服务和体验式零售。

2015 年渝新欧国际班列首批跨境电商回程货暨蜜芽跨境电商货物开箱活动在重庆西永综合保税区举行

2015 年 7 月，刘楠将企业名称从“蜜芽宝贝”修改为“蜜芽”，去宝贝化透露出一个明显的信号——蜜芽的产品覆盖范围将以母婴为核心，从一个宝宝扩大到一家人，刘楠要“全方位满足亲子家庭的需求”。在 D 轮融资之后，刘楠宣布了她的新目标，蜜芽做中国领先的婴童产业公司，服务覆盖线上线下全渠道。

在线上，除了增加商品品类，蜜芽也在继续完善“内容 + 电商”的生态。刘楠几乎没有担心过用户增长问题，她曾对“拉新”一词做过精辟评论，她说：“‘拉新’这个词很有意思，‘新’如果是拉着才能来的话，那一定很辛苦。”

在刘楠看来，母婴行业的用户有一个优点，她们是主动获取信息的群体，当平台提供了内容价值、知识点价值，而不仅仅是商品和价格价

值时，用户就会主动向平台靠拢。随后蜜芽开始在短视频、公众号、直播、育儿节目等内容领域发力，希望满足不同妈妈对购物导向、娱乐休闲、专业知识的需求。

在线下，蜜芽战略投资儿童室内游乐品牌悠游堂，进驻美中宜和医疗机构，一举打通孕产、电商、亲子游乐三大领域。2016 年，蜜芽创立蜜芽乐园，开始在一二线城市打造蜜芽儿童成长中心，加入了轻早教课程。2017 年，为弥补线上体验感差的短板，蜜芽又做起了新零售，截止到 2018 年 9 月，蜜芽的线下体验店已经超过 3000 家，刘楠拿中国的一个四线小城市举例："在四川遂宁，我们开了四家体验店，月销量可高达 500 万。"

在真格基金创始人王强看来，这种"做深价值链，建立新生态"的方式是垂直电商的突破契机，"垂直电商受制于商品本身，哪怕做到极致也很难出类拔萃。反之，如果能够跳出促狭的思维，这家公司就有了质的飞跃。"

但是"双线作战"让蜜芽面临着巨大的管理压力，如何让线上线下更好地融合联动，如何在一二线城市以外的地区快速发展……这些问题都让刘楠"头痛"，但是她清楚最核心的解决之道："万变不离其宗，核心仍然是挖掘并满足用户的需求，提高用户体验。"说着说着她顿了一会儿，抿嘴一笑，又说："这件事儿蜜芽很擅长。"

就在线下布局如火如荼之时，刘楠惊觉妈妈们对进口产品的"热劲儿"已经下降了，"消费降级"席卷而来。以婴儿推车为例，从 2013 年到 2016 年，蜜芽上销售的手推车品牌发生了明显的迁移，用户从崇尚进口婴儿推车向关注国产品牌转变。

刘楠认为这是一次新机会。"这个机会就是价格便宜、产品又好，而且颜值也不错，设计新颖一点、潮一点、漂亮一点，妈妈就很喜欢。"只要用户需要，刘楠可以从演奏家的角色迅速切换到创作家，2017 年 6 月，蜜芽推出自有品牌"兔头妈妈甄选"——刘楠喜欢别人叫她"兔头妈妈”。

“兔头妈妈甄选”采用了被反复验证成功的ODM[1]模式，在供应商的选择上近乎严苛。现在每月销售千万的兔头妈妈甄选纸尿裤来说，所有的原材料都来自于全球顶尖的供应商，品牌遍布德国、日本、英国等等。刘楠给“兔头妈妈甄选”定下了三个原则，一是最好的原料和最好的工厂，二是高“颜值”，三是所有的产品出厂之后，全部拿去检测，而且要第三方的、世界级的检测机构。成本不含糊，品质很挑剔，价格却非常友好。刘楠笑着说，我们卖了一亿片纸尿裤，深知妈妈们的痛点和笑点。把一个高品质的产品卖出高价格并不难，难的是高品质却低价。我们相信会充分发挥中国作为全球第一产业大国的优势，整合全球最顶尖的技术，制造出人人用得起、人人用得好的中国质造好产品。”

刘楠曾说：“跨界融合，形成生态，只有这样，中国才能够出现一家伟大的婴童公司。”显然，刘楠距离“伟大”又前进了一步。

未来可期

那么，什么样的公司才是“伟大”的公司?

在刘楠的眼中，伟大的公司一定是“以人为本”的，用户的需求即节奏，这是蜜芽做“伟大婴童公司”的根本原则。“用户的需求、用户的快乐、用户的痛苦，我们都想去提供解决方案。”说这句话时，刘楠的表情甚至是虔诚的。

把理念转化为实践并不容易，但令人惊叹的是，蜜芽总能准确地把握用户需求，几乎没有错过任何风口，这离不开刘楠的战略能力。蜜芽战略副总裁彭琳琳评价刘楠：“她是在战略上极其勤奋的一个人。”

刘楠的手机里有母婴行业所有热门APP，她每天都会点开这些应用，

1 ODM是英语Original Design Manufacturer的缩写，直译是“原始设计制造商”。ODM是指某制造商设计出某产品后，在某些情况下可能会被另外一些企业看中，要求配上后者的品牌名称来进行生产，或者稍微修改一下设计来生产。

了解其中的新玩法，出差的时候，她也会在火车上追剧、刷抖音，甚至会看吃播，但她的目的不是娱乐。刘楠俏皮地说："别问我为什么，我们的用户在做什么，我也在做什么呀！"

在刘楠看来，战略上的勤奋应该是随时随地的，而不是一拍脑袋说："好！我们大家来开会讨论一下战略。"这是巧妇强为无米之炊。"面对瞬息万变的世界，纷繁复杂的信息，CEO 应该是信息的一手体验者。"刘楠说。

平时眼观六路，耳听八方，但在做决策时，刘楠会把自己包裹在真空里，让身边没有任何杂音，这样她才能"Listen to heart"[1]。"做决定时，一定要忍受孤独。"

刘楠很喜欢用打牌来形容自己一路走来的状态，她认为自己是一个有耐心的玩家，想把每把牌都打到最好。"哪怕现在是凌晨四、五点，你都不能有睡意，你要继续兴致盎然地把这把牌打下去。"作为一个 CEO，刘楠没有机会在某个时间点喘口气，创业的每一个时间点都要全力以赴。

在"打牌"的过程中并不只有熬夜，她也收获了一群可以一起做事的朋友，她说最开心的事情就是年底给大家发奖金。有一年，刘楠买了几十个红颜色的包，放在办公室里，让业绩亮眼的女孩儿们挑自己喜欢的，女孩们的笑容和惊喜让她感到踏实。"我感觉自己会永远享受这个过程，还想再打两圈。"刘楠笑着说。

2018 年年初，刘楠给蜜芽的所有小伙伴写了一封问候信，这封信里，她描绘出了蜜芽的未来。"2017 年到 2021 年这五年，蜜芽要战略升级为全渠道的婴童公司，而在下一个五年，蜜芽会将中国婴童公司的好商品、好模式、好渠道打入海外市场，建设世界级的婴童公司，帮助全世界的妈妈品质育儿。"

对于蜜芽这样一家创业公司而言，"世界级"或许还比较遥远，但

1 意为聆听内心的声音。

刘楠相信“爱”与“痛”会让蜜芽加速生长，“爱那些踌躇满志，痛不能做到最好，痛不能达到自己的标准，这会让我们快一点、更快一点。”

刘楠不喜欢别人给她“贴标签”，她说“我是披着铠甲在打仗，很多人却只关心我曾经是个全职妈妈”。经历七年创业，刘楠已经满身盔甲，最显著的表现是，她现在已经很少焦虑了，“我的人生哲学是呆萌的，我要笑嘻嘻地面对每一天”。

在她看来，人之所以有焦虑感，是因为总想把自己捆缚在一个美好的世界里，其实只有接受自己的不完美，才能变得更完美。“人生所有阶段，都是‘抓大放小’的选择过程，只有接受自己的不完美，才能有选择性地处理事情。”

如果说这位内心强大的霸道女总裁还有什么软肋，那一定就是自己的女儿了——她陪女儿的时间太少了。在刘楠女儿的心里，爸爸是第一位，而作为妈妈的她已经排到了第六位——甚至排在了家里的毛绒玩具之后。刘楠曾经忍着眼泪问宝宝：“那妈妈怎么才能排到第五位啊？”女儿说：“妈妈早点回家就可以了啊。”

但是刘楠做不到。

今年她决定做出改变，“在过去的七年里，工作最重要。在下一个十年，家庭最重要。”想了想，她又大笑，说，“可是蜜芽也是我家庭的一分子啊，哈哈！”

张红梅／产业互联网探路者

文 | 高四维

张红梅　阳光印网创始人、董事长、CEO、木兰汇常务理事

木兰小传

张红梅是一位履历丰富的连续跨界创业者。创业 20 多年来，她做过印刷，做过投行，从安徽到深圳、从香港到北京……不同的行业积累和不同的地域环境给她沉淀了足够深刻的思维和勇气。2011 年，她第三次创业，选择进入互联网，创办了阳光印网，利用互联网对传统印刷产业进行改造，通过供应链整合，为企业级用户提供印刷和企业定制品服务。

历经 7 年，阳光印网已发展成为中国最大的企业非核心事务采购平台，整合近 1.5 万家供应商，供应品类超过 1500 种，为来自电商、互联网、快消、物流、零售、教育、房地产等 20 多个行业的 20 万家中小企业客户和超过 1000 家的集团客户提供企业采购服务。

阳光印网已完成三轮融资，是“产业互联网”领域里最具代表性的企业之一。这一次，张红梅的目标清晰而坚定：让每一家中国企业都享受到阳光印网的阳光、透明、高效的服务。

创业艰辛，你是如何长期保持活力的？

张红梅：创业是求知和自我愿望实现的过程。在这个过程中，人就像打了鸡血一样，这是一件很快乐的事。另外，我天性乐观，平时喜欢看书，喜欢运动，这些都是我调剂情绪和心情的方法。

创业是一个漫长的过程，你是如何理解成长的？

张红梅：生长需要一个过程。创业是企业生长的过程，初创的时候会面临着各种各样的困境。我明白成长过程中必须面对困难，也就接受了困难，而且在这个过程中学会了坚强、执着和坦然。带领企业在复杂的商业环境中积极面对未来，勇敢面对挑战，高效满足市场，这就是成长的意义。成长要经历阵痛，然后才能走得更远。

2016 年 6 月 29 日，阳光印网宣布完成 3.5 亿元人民币的 C 轮融资，由复星集团领投，软银中国跟投。

融资发布会阵势很大，复星集团时任 CEO 梁信军说：“我们的最终目标，就是将阳光印网打造成一家 C2M[1] 模式下的独角兽。”但投资者们显然低估了张红梅。这位创始人在舞台上自信十足，“阳光印网将创造一个巨大的阳光企采生态链，在这个生态链上，我们将给企业用户提供一个更大的企业共享经济平台。我们未来的事业，比很多人想象的要大千百倍，我们欢迎更多的上下游企业融入进来，共同分享巨大的市场、可见的未来。”

“我们天然就应该是独角兽，10 亿美元估值不是我期待的，百亿甚至千亿美元才是我的目标！”这是张红梅的高光时刻。

此前，阳光印网经历了并不顺利的融资旅程，曾经无人看好。见了

1 C2M 意为顾客对工厂。

几十家投资机构，没有人能看懂她的商业模式，几乎每个人都说：“为什么印刷公司要做平台？”“这个生意不靠谱，这件事太不性感了。”有人对着正讲 PPT 的张红梅说，算了，别讲了，没用，我不投资女性。还有投资人当场听得睡着了。

这是女性创业者之殇。根据企业服务数据库 Crunchbase 的统计，自 2012 年以来，在所有获得种子轮融资的公司中，创始人全部是女性的公司占比仅为 4% ~ 5%，至少有一位女性创始人的公司占 16%，而全部为男性创始人的公司占比超 80%。2012 年至 2017 年第三季度，全球范围内仅有 10% 的风险资金投向了至少有一位女性创始人的公司。

回忆起来，张红梅颇为感慨：“创业里有很多种困难，开拓市场很难，夯实商业模式也不容易，但是不被人认可、自尊被踩在脚下，还是要站起来昂首阔步地去见下一个人，接受所有人的挑战和不信任的时候，真的挺难的。”

作为“穿着鞋子创业”、已经拥有许多成功资历的创业人，张红梅没有想到，这次创业的开局会如此艰难。不过，她没有放弃，趟过去之后，一切豁然开朗。

阳光印网获得了工业互联网化企业中的最大一笔融资，也代表了产业互联网时代的真正到来。

目前，阳光印网已经成为中国最大的企业非核心事务智能采购平台，为企业用户提供办公、市场营销、包装物流、商务馈赠等场景所需定制品的一站式采购服务，供应品类超过 1500 种，涵盖商务印刷、包装耗材、礼品新品、数码工装、服装、品牌电子品、品牌创新设计等 7 大产品线。

做企业采购的亚马逊

阳光印网是张红梅的第三次转型创业。2011 年，在取得法学博士学位后，张红梅转身便扎入了互联网。

这次创业“蓄谋已久”。彼时，互联网是最热门的创业领域之一。

不过，目光所到之处是 2C、消费电商、O2O[1]……很少有人关注到产业互联网的机会。但是张红梅一心认定 2B 互联网才是未来，她决心打造一个和印刷有关的网络共享平台。

从搭前后端系统开始，近一年的时间里，阳光印网一单没接，也没有投资，张红梅用自己的钱撑了下来。对于互联网企业来说，时间就是一切，迅速产出，迅速迭代。大家也不懂，质疑频出："你在浪费钱啊？你在干什么？""为什么需要一年的时间搭平台，太久了。"

张红梅坚持己见："我不是一拍脑袋就要做这个，早在 10 年前我就知道我会有这段创业。在国外，网络印刷早已不是什么新鲜事，这是大势所趋，很快中国也会如此。这是我最有准备的一次创业。"

2012 年底，"阳光印网"正式上线。名字是由张红梅定的，很多人觉得不好听、土气，不像是互联网公司的名字，她坚持要用。"我就是要打造一个阳光的平台，从前台价格到后台管控，一切都是阳光透明的。"

阳光印网的主要品类之一是印刷品，一直以来，中国印刷市场庞大而分散，行业集中度低，产能过剩的问题也日趋严重。根据数据统计，截至 2018 年上半年，全国印刷企业数目达到 5624 家，主营业务总收入达 3429 亿元。同时，利润率跌至 6%，整体毛利润为 14.8%。行业亏损面达 18.4%。

总体来看，传统印刷业管理粗放，产品同质化高，竞争激烈，客户黏性低。而互联网和传统印刷业相结合，就是要把生产和供应流程标准化。新技术的应用，势必带来整个行业的管理与效率的提升。

阳光印网全力研发的"PnP[2] 智能采购管理 SaaS[3] 系统"，通过"系统 + 服务"的创新模式，实现了线上订单的整合分类、生产分发、质量

1 线上到线下的电子商务模式。

2 PnP 全称 Plug-and-Play，译文为即插即用。PnP 的作用是自动配置低层计算机中的板卡和其他设备，然后告诉对应设备都做了什么。

3 SaaS 是 Software-as-a-Service（软件即服务）的简称，它是一种通过互联网提供软件的模式。

监控、订单跟踪和配送等流程全线贯通。

客户可以直接在阳光印网的前端平台上下单，买什么，怎么买，多少钱都十分公开透明。如果想要以更便宜的价格拿下，客户还可以选择共享模式，和人拼单。而在供应链端，阳光印网根据严格的筛选和考核标准聚合了一批高质量的中小型印刷公司，系统可以优先将订单指派给优质供应商，从而实现多赢。

以印制名片为例，传统印刷的流程冗长而繁琐，设计、编辑、印刷、交付，每个环节都需要不同的人，此外，大部分属于小作坊式作业，在质量和价格上没有统一的标准，更妄谈服务。

而在阳光印网上，企业用户可以自己选好样式模版，填上必需的信息，一分钟即可完成设计。而在服务标准上，包括名片的尺寸、颜色、纸张品种、克数、是否单双面、是否需要特别的制作工艺以及想要在什么时间收到名片，都非常明确。确认下单后，阳光印网为用户匹配就近的供应商，供应商只需完成生产和交付的工作即可。标准流程下的服务机制，实现了让用户“所见即所得”的服务理念，价格也远低于一般印刷公司。

正是诸如名片、宣传册、定制办公用品和纪念品这样日常的“零售印刷需求”帮助张红梅实现互联网对印刷业的破局。阳光印网保证评级最高的供应商里30%的产能都是由平台提供，并保证供应商应有的利润，从而获得相应的议价权及定价权，亦使企业客户得以享受优质低价。

“印刷不再那么笨重，它会被拆解成非常多细小的需求，不再围着大客户转，而是依靠规模成本优势去提供更好的标准服务，从而形成自己的品牌。”张红梅说。

流程顺畅后，阳光印网进入了飞速发展的快车道。产品刚上线一个月，张红梅就赚了 200 万元。她还透露，阳光印网的毛利率比传统印刷公司高 30%。

2013 年，阳光印网得到“单页之王”的绰号，企业在阳光印网上采购数以亿计的单页、画册等印刷品进行推广活动；2014 年 9 月，阳光印网的注册企业用户突破 100 万；2015 年底，阳光印网服务范围覆盖全国 300 多个城市和 1400 个县城乡镇……

注定要创业

作为温州人和宁波人的后代，张红梅常常半开玩笑地说自己天生就带着“创业基因”以及不可多得的商业直觉。18 岁的时候，她意识到自己会和其他人不一样。彼时，她在安徽大学物理系二年级就读，但已经在学校里承包了一家咖啡厅。按现在的潮流来看，她可能是改革开放后的第一拨“斜杠青年”（指不满足“专一职业”的生活方式，而选择拥有多重职业和身份的多元生活的人群）。

在 20 世纪 80 年代的中国，读大学和做生意都是很稀奇的事情，更不必说两者兼顾。起初，张红梅和几个要好的女同学一起在合肥市颇受大学生欢迎的英语角咖啡馆里做兼职服务员。这在当时是一份美差，穿着统一的制服，3 个小时可以挣 2 元钱，还可以学英语。

她对咖啡厅充满了好奇，端盘子的时候，会盯着咖啡师研究如何调制咖啡；打扫的时候，会抻着脖子看点心是如何制作的。短短几个月下来，她已经逐步掌握了经营咖啡馆的流程。

张红梅找父亲借钱，租下了学校小湖边闲置的活动中心，并自己主导装修布置，整修墙面、购置家具，湖边上免费的小石凳也被利用起来，录音机在一旁放着小曲儿，最终打造出一个颇具文艺气息的校园咖啡馆。她为这间“全安徽省第一家校园咖啡馆”取了个浪漫的名字：梦夏。很快，“梦夏”便成为学校里最时髦火爆的去处。

“梦夏”是张红梅创业梦的萌芽，不过，改变的契机源于一次旅行。

大学毕业后，她进入中国科技大学工作，这在当时是最受人艳羡的工作之一，名副其实的“铁饭碗”。

第一年暑假，张红梅前往深圳游玩。她想去看看改革开放的窗口到底有什么不同。

旅程将要结束前，张红梅去看望了正在一家印刷公司做设计师的同学，两人一番叙旧准备告别时，同学突然问她：“为什么不留下来，在深圳找找感觉？”这家公司正好缺一个总经理助理。“你懂英语，又会计算机，办事也利索，你干脆试试吧。”

张红梅被打动了，暑期还长，有近两个月。她决定留下来，就在这里试试。

两个月里，张红梅帮助公司接了一个大单。她联络了在手表厂工作

学生时代的张红梅

的朋友，通过她的灵活劲儿，拿下了手表的宣传页订单。在她离开之际，因为这单业务，公司给她结了 8000 元的奖金。

1991 年，她在学校领的工资是每月 100 元。这笔巨款把她吓傻了。老板趁机“忽悠”她留下来，“回去有什么意思，在这里，你可以发挥你的青春和价值，留下来吧。”

张红梅最终向学校告假一个学期，留在了深圳。做了几个月的总经理助理后，领导觉得张红梅有潜质，鼓励她出去跑业务。不过，跑业务没有基本工资，只有提成。

她有些犹疑，似乎深圳的空气里都充斥着不确定。“我当时就傻了，不想干了，想回学校，但是请了假又没法回去。我就躺在宿舍里，睡了一个星期，想明白了，既然已经选了，就硬着头皮往下走。”

她带着公司里的精美画册和资料，回到安徽，花了两个月的时间，寻遍了每一家出版社、广告公司……然后带回了 20 万元的业务订单。证明了自己的业务能力后，张红梅也终于下定决心，改变原本几乎预知的人生，并逐渐开疆辟土，建立自己的事业。

业务上手以后，张红梅自立门户，先做了一家广告公司，逐步积累资源，不到一年，即创办宝峰印刷。

刚创业时，印刷工厂紧俏，需要排队，她每天晚上 12 点准时出现在工厂，给师傅买吃的，陪着聊天，盯到凌晨 3 点产品出厂，然后再打车把货送到香港港口。她在深圳的出租车上度过了许多个凌晨，“现在想想还有些后怕”。

宝峰印刷专注于书籍装帧，为了做质量最好的装帧印刷，张红梅以 10 倍于内地工资的价格，从香港请了许多装帧界的大拿，并陆续参与了国内外许多大型书籍的策划设计工作，多次获得国内外大奖，包括“全国书籍装帧艺术金奖”“美国金墨奖”“美国印刷大奖”等。

2008 年，她的印刷公司印制了奥运会开幕式上国家领导人送给各国元首及夫人的唯一礼品，作为业界翘楚，获得了空前好评。

转身

在印刷领域做了近 10 年，在行业一致加码的时候，张红梅突然按下了暂停键。“已经不好玩了。”如果继续往前，印刷业务很快便能突破 10 亿元的年销售额，但她认为，国内的印务产能已趋于过剩，行业竞争环境也正在恶化。同时，一次不成熟的尝试使她认识到，印刷行业亟待变革。

还有一件事彻底地触动了张红梅。1999 年，有一家日本公司找到他们，希望加工一批个性相册，即把用户的照片编辑成册。这是一家做互联网印刷的公司，张红梅隐隐感觉到，这会是一种未来趋势，可以颠

张红梅早期创业时的照片

覆整个行业。

好奇和兴奋之下，张红梅在深圳和香港创办了国内最早的个性化图书印刷网站，第一个把印刷搬上了网。这次尝试花了 2 年时间，最终以失败告终。20 世纪初，美国的网络印刷也才刚冒头，一切太超前了。“连起码的支付系统都没有，宽带也不成熟，传几页文件都要半个小时。”虽然项目叫停，但张红梅从此对互联网印刷保持了浓厚的兴趣。

2002 年，把印刷业务交给职业经理人打理后，张红梅只身北上，瞄准了一块新的实验田——投行。

她喜欢挑战那些看起来很“性感”的行业。20 世纪 90 年代初，印刷看起来很性感，因为那时候的中国是单调而缺乏色彩的；后来，投行很性感，“因为很好玩、很考验一个人的思维和智慧”。

转型并不容易。没有丰厚的背景和履历，张红梅只能靠狂补恶补，每天要看 1 米多高的资料，经常靠红酒、咖啡和茶提神。但她还是没少碰壁，有客户听完她的自我介绍后，直接就要走，说：“你又不是出身高盛，靠谱吗？我能把钱交给你管吗？”

但张红梅对于资产处置有自己的方法论，比如，“资产处置就像捕鱼和卖鱼，你撒了一网兜，网上来有鱼有虾有蟹，有死的有活的，有大的有小的，直接卖人家肯定不会给好价钱，我会把鱼虾蟹分开，大小分开，搞干净，放超市卖，那价格就大不一样了。”靠着一套独特的方法论，她成功拿下第一批客户。

这次创业非常豪华，她做的是国内唯一专业处理酒店类资产的投行。但在做投行时，张红梅仍等待着她在印刷业的机会。“做投行，其实也是为了让我的视角更广，然后能够看到各行各业的变化，来捕捉我熟悉的、了解的这个传统加工制造业中的机会在哪里。”

于是有了第三次转型。她一直在思索印刷行业究竟需要什么。“行业不缺产能，不缺智能化工厂，而是缺一个平台去优化整个行业的产能和效率。我就做了两件事情：共享订单、共享产能。”

她率先找到了“企业级共享经济”的产业发展新模式。长久以来的观察与思考使她坚信，“只要有过剩产能存在的行业，都可以用共享经济理念重塑行业的发展业态。”

下一个十年

虽然是熟悉的行业，但对于张红梅来说，“要想做一次真正的互联网创业，必须要抛掉自己原有的一切，从零开始。”

阳光印网搬到了更便宜的办公楼里。起初，100 平方米的工作区里挤了 60 多个人，每个人的办公桌不到 1 米，过道一次只能过一人，还得侧着身子。她也没了固定的办公桌，每天夹着笔记本看哪儿有座就坐哪儿。

首批客户也来得颇为不易。为了开发客户，团队使出了扫街的阵仗，一家家跑遍街边的便利店、小吃店、图文店……曾经一身香奈儿、出门车接车送的张红梅，也换上了运动服运动鞋，顶着太阳敲门推销。连丈夫也开玩笑地说她从“仙女”变成了“织女”。

一群人跑了几天，总结下来，每 50 家客户里才 2 个目标客户，“效率太低了”。于是改变寻找策略，值守地铁出站口。各个地铁口的人流量非常可观，而且许多周边小店的人也正在发传单。“正好一箭双雕！”但收集的客户数据仍然有限。

最为出奇制胜的一招是捡垃圾。张红梅发现，大部分人收到了宣传单页后都会顺手扔进垃圾箱，所以，垃圾场里的“目标客户”可能是最集中的。她率领公司的一帮伙伴杀向垃圾场，像挖宝似的，一点点翻出各种公司的宣传单页，他们甚至花钱向各大垃圾场的人买垃圾。就这样，建立起公司的第一个客户数据库。

如今，超过 90% 的互联网公司都在使用阳光印网的产品，知名互联网公司阿里巴巴、百度、点评、糯米、饿了么、滴滴等上千家大型集团企业及 20 万家以上的中小企业都是阳光印网的用户。

这是一个具有无限潜能的市场。数据显示，2015 年，中国 B2B 市场规模达到 10 万亿级别，预计 2018 年市场规模将超过 20 万亿。此前，有媒体对比中美同类型企业的发展情况发现，美国的三大企业服务领军公司市值总和已达 3500 亿美元，然而在中国，企业服务领域连独角兽都是凤毛麟角。

他们站在了领先的跑道上。融资发布会上，阳光印网同时宣布推出线上企业采购平台“阳光企采平台”，从印刷电商成功转型为企业采购平台，企业服务品类从印刷品拓展到包装耗材、礼品、数码工装等。

对于阳光印网来说，一切都水到渠成。“其实很早通过我们对产业的观察，发现印刷是一个企业刚性、高频的需求。而当一个企业用了印刷服务之后，企业主或者采购人员通常会问，能不能给我们提供更多的服务，比如定做广告衫、展板。如果能得到一站式服务，这些企业会得到便利和实惠，逐渐地对我们的平台服务产生黏性，所以印刷是面向企业服务很好的切入点。当我们把印刷品类服务做好的时候，周边的服务也会越做越大。”张红梅说。

2017 年，“双十一”全国消耗的包裹量超过 10 亿件，他们的包装出货量占到了近 2 成。同时，单纸箱一项，单月销售额即突破 1 亿元。

不过，规模惊人的包装耗材市场背后，隐藏着资源消耗与环境污染的巨大隐患。张红梅开始思考推进包装耗材的绿色环保化发展。

阳光印网很快成立了绿色包装研究院，专门推进在绿色包装方面的研发和创新，并先后推出两代“阳光宝盒”，这种绿色包装使用无胶带的封箱设计、带有自锁功能并可以二次利用。第三代产品——绿色可循环周转箱亦即将面世。

除了绿色战略，张红梅也一直关注着前沿科技，比如人工智能。在她看来，人工智能与产业的结合可以让传统的加工制造企业变成智能工厂。人工智能“在 5 年内，我们希望在某些单品业务内，实现全面的智能制造，为客户和供应商提供两端的互联网 SaaS 服务，全面打通客户

端和生产端，实现高效对接。“此外，这种结合还可以为客户提供人工智能服务。“在阳光印网，人工智能技术自动为客户提供服务，利用大数据让机器自动学习某个特定商品的尺寸多大、材质有哪些、设计出来什么效果，了解最新的流行趋势，直观地展示给客户，甚至通过一些应用，客户可以直接和机器人对话。”

国际化也是阳光印网未来的着力点之一。目前，阳光印网已经有超过 20 多个国家的用户。张红梅希望，阳光印网可以成长为一个市场营销类物料供应的全球性公司。

有限与无限

后来，那位“不投女性”的投资人又找了回来，向她致歉。“他说我改变了他对女性创业者的看法。”提到这个，张红梅露出一丝狡黠的笑容。

这位你几乎无法猜出年龄的女企业家眉眼温柔，言语轻轻，脸上常常带着一种淡然，不像一个典型的女性创业者，唯有西服内印着阳光印网字样的 T 恤，可以让你定位她的身份。

她出身于书香门第，欣赏带有“艺术气息的、有追求的、天真的、浪漫的人”。丈夫是著名导演孙周，他全力支持她的事业，并且亲自上阵，担任阳光印网的代言人。两人之间的相处也非常默契，彼此尊重。“一个眼神我就能分辨他现在是不是需要我，不需要我会躲起来做我自己的事情，我忙的时候他也不会来打扰我。”女儿开朗活泼，懂得体谅创业的辛苦，父母更是自创业起就一直陪伴在她身边。这是一个非常完美的家庭。

“创业是件快乐的事。”张红梅常把这句话挂在嘴边。事实上，这接近于一种自我暗示。她有着自己为之自豪的自我调节能力，“痛苦和困惑谁都有，但要懂得自我开解，不能一直想着。我碰到巨大的困难的时候就睡觉，其实是闭着眼睛思考。我每天都在被考验，所以不觉得难。”

专注、敏锐和执着是她给自己总结的三个关键词。她还是个狂热的求知者，在清华大学经济管理学院读了 EMBA，考了著名法学家江平的民商法博士，接着又申请了湖畔大学、混沌大学、木兰学院。最近，她四处问人："还有什么可以读的课程吗？"有人建议："试试长江商学院的企业家学者项目，应该差不多就到头了。"不过才半个月，她就已经进入了长江商学院的面试名单。

大部分时候，她每天只需要 4 个小时的睡眠，行程安排得满满当当。最多一次，2 天连着跑了 7 座城市。对于这种忙碌，她毫不介意，"我觉得每天都没过够"，"工作就是最大的放松"。身边没有人比她更能熬，最夸张的一次，熬趴下了三拨助理，而她依然精神抖擞。

不过最近，她开始跑步，因为意识到"创业需要健康的身体"。每天雷打不动 5 公里，在家的时候就上跑步机，出门或者出差会沿着城市的公园和河流晨跑，边跑边听书，三个月里，听加上读的书累计将近

100 本。

她印象最深刻的一本是《有限与无限的游戏》。这本书讲述了世间的两种“游戏”：有限的游戏，目的在于赢得胜利；无限的游戏，旨在让游戏永远进行下去。有限的游戏在边界内玩，有确定的开始与结束，有确定的赢家；无限的游戏是探索边界，没有既定的开始与结束，没有赢家，而是为了延续游戏本身。

这是截然不同的人生哲学。对于张红梅而言，人生是有限与无限的结合，创业是有限的游戏，这是她目前的人生阶段，但她也不断在拓宽人生的边界。“从心理上，我是在体验一个无限的游戏，全情投入，享受趣味。”